Richard Reed
mit Illustrationen von Samuel Kerr

Begegnungen
mit außergewöhnlichen Menschen
und ihre wertvollsten Ratschläge

Aus dem Englischen übersetzt
von Dorothea Traupe

WILHELM HEYNE VERLAG
MÜNCHEN

Die Originalausgabe *If I could tell you just one thing ...* erschien 2016 bei Canongate Books Ltd., 14 High Street, Edinburgh EH1 1TE.

Sollte diese Publikation Links auf Webseiten Dritter enthalten, so übernehmen wir für deren Inhalte keine Haftung, da wir uns diese nicht zu eigen machen, sondern lediglich auf deren Stand zum Zeitpunkt der Erstveröffentlichung verweisen.

Verlagsgruppe Random House FSC® N001967

Vollständige deutsche Erstausgabe 04/2018
Copyright © 2016 by Richard Reed
Porträts © 2016 by Samuel Kerr
Copyright © 2018 der deutschsprachigen Ausgabe
by Wilhelm Heyne Verlag,
in der Verlagsgruppe Random House GmbH,
Neumarkter Straße 28, 81673 München
Printed in Germany
Redaktion: Lars Zwickies
Umschlaggestaltung: Nele Schütz Design, München,
unter Verwendung der Motive von Samuel Kerr
Satz: Satzwerk Huber, Germering
Druck und Bindung: CPI books GmbH, Leck
ISBN: 978-3-453-27152-4

www.heyne-encore.de

Für Chicken und Sausage

Inhalt

Einleitung	11
Mit Präsident Clinton in der Blase	15
Marina Abramović ist anwesend................	19
Terry Waite, ein geduldiger Mann...............	25
Caitlyn Jenner – keine Geheimnisse mehr	31
Der wortgewandte Mr. Fry	37
Die erotische Intelligenz der Esther Perel..........	43
Heston Blumenthal ganz privat.................	49
Die zwei Stimmen von Annie Lennox	55
Recherchen über Frederik Obermaier	61
Shami Chakrabarti: Jetzt alle zusammen..........	69
Der wahre Ari Emanuel	75
Martha Lane Fox, Gute Fee 2.0	81
Harry Belafonte, Kingsman....................	89
Sir David Attenborough, eine seltene Spezies	93
Auf einen Schwips mit Dame Judi Dench	99
Kameradenhumor mit Korporal Andy Reid	107
Friedensgespräche mit Patrisse Khan-Cullors	113

Sir Richard Branson, Inselbewohner	121
Katie Piper, Supermodel mit Vorbildfunktion	129
Mike Bloomberg, New Yorks bestes Stück	135
Die unkonventionelle Diana Athill	141
Andy Murray oder das Ende der Dürre	147
Die Schuhe von Dr. Maki Mandela	153
Super Mario Testino	159
Mit Oberstleutnant Lucy Giles in der Kaserne	165
Anthony Bourdain, Grill- und Drillmeister	171
Laila Ali – ohne Samthandschuhe	177
Im Knast mit Alexander McLean	183
Der undefinierbare Nitin Sawhney	191
Die Essenz von Jo Malone	197
Bear Grylls, Survival-Experte	205
Dambisa Moyos Bildung	211
Der Rhythmus von Mickey Hart	217
Nancy Hollander, Jiu-Jitsu-Anwältin	223
Jude's Law	229
Ahmed »Kathy« Kathrada und Denis Goldberg, Freiheitskämpfer	235
Lily Ebert, Auschwitz-Überlebende	243
Herzensbrecher Richard Curtis	249
Jude Kelly für alle	255
Michael McIntyres drei Jas	261
Noella Coursaris Musunka, Modellbürgerin	267
Frühstück mit Bill Gates	273

Mit Indra Nooyi durch die Nacht 287
Gipfelstürmer Ueli Steck 293
Margaret Atwood, Kummerkastentante 299
Der neue Tony Blair 307
Ruthie Rogers und »la familia« 313
Jony Ive sagt einfach Nein 321
Erziehungstipps von Baronin Helena Kennedy 325
Lord Waheed Alli, Held der Herren 331
Olivia Colman macht sauber 337
James Rhodes gibt nicht auf 343
Die furchtlose Bischöfin Libby Lane 351
Alain de Botton, Geisterjäger 357
Mit Shep Gordon im Dunkeln 365
Die jugendlichen Gehirne von Professor
Sarah-Jayne Blakemore 371
Mit Lawrence Dallaglio siegen 377
Margaret Busby, Tochter Afrikas 381
James Corden, Mann von Welt 387
Nicola Sturgeon, Braveheart 395
Einssein mit dem Dalai Lama 401

Muchas Gracias 407
Gute Zwecke 411
Hinter den Kulissen 413

Einleitung

Ein einziger Ratschlag kann den Lauf eines Lebens ändern. Das ist mir mehrfach passiert. Mit den Jahren habe ich es sehr zu schätzen gelernt, mich von Menschen inspirieren zu lassen, die weiser und erfahrener sind als ich. Vor zehn Jahren nahm ich mir deshalb einfach etwas vor: Wann immer ich einen bemerkenswerten Menschen treffe, werde ich ihn nach seinem besten Rat für das Leben fragen. Das schien mir deutlich sinnvoller, als um ein Selfie zu bitten.

Was im Leben wichtig ist bringt uns die ganze Vielfalt menschlicher Erfahrungen und Emotionen näher, seien es nun die von Schauspieler Jude Law oder die der Auschwitz-Überlebenden Lily Ebert. Dazwischen finden wir die Weisheiten von Präsidenten und Popstars, Unternehmern und Künstlern, Promis und Überlebenskünstlern. Es sind Menschen dabei, die es nach ganz oben geschafft haben, und andere, die unglaubliche Torturen durchlitten. Einige gehören in ihren Bereichen zu den erfolgreichsten Menschen aller Zeiten, während andere das Schlimmste erlebt haben, was Menschen einander antun können.

Ein guter Rat ist wie eine nahrhafte Brühe, für die man die Knochen des Lebens auskocht. Wenn man von dem Gebräu, in das die Gedanken so vieler kluger Menschen eingeflossen sind, dann so viel trinkt wie ich, bereichert es das eigene Leben und das Verständnis für die Mitmenschen enorm. Wenn jemand seine Worte richtig wählt, gelingt es ihm, die wichtigsten Erkenntnisse, die er über viele Jahre durch harte Erfahrungen gewonnen hat, auf den Punkt zu bringen und uns alle daran teilhaben zu lassen. Das war bei jeder der Begegnungen in diesem Buch das Ziel.

Ich habe alle Gesprächspartner und -partnerinnen persönlich kennengelernt, entweder durch die Arbeit für mein eigenes Unternehmen oder bei verschiedenen anderen Projekten, denen ich für Politik, Wohltätigkeitsorganisationen, Kunst oder Medien nachgegangen bin. Einige sind Freunde von mir, andere haben sich freundlicherweise bereit erklärt, sich von mir interviewen zu lassen, und manche waren völlig ahnungslos, als ich sie mit meiner Frage überfiel. Das Schicksal hat es gewollt, dass wir uns bei einer Party, einer Konferenz oder – in einem Fall – auf der Herrentoilette über den Weg liefen.

Frage ich Menschen nach ihrem besten Rat, dann möchte ich, dass sie wirklich über das *Allerwichtigste* nachdenken. Ich stelle allen dieselbe Frage: Vor dem Hintergrund all dessen, was Sie erfahren, was Sie wissen und gelernt haben, was wäre Ihr Ratschlag, wenn Sie nur einen einzigen weitergeben könnten? Wenn man Menschen bittet, sich auf den Kern zu konzentrieren und nur eine Weisheit auszuwählen, scheint das eine besondere Wirkung zu haben. Es bringt sie dazu, genauer nachzudenken, tiefer zu graben und offenere Antworten zu geben. Dieses Vorgehen hat zu einigen bemerkenswerten Aussagen geführt. Die Themen waren äußerst bunt und vielfältig. Es ging darum, wie man erfolgreich wird und mit Misserfolgen umgeht, wie man die große Liebe findet oder besseren Sex hat, wie man das Beste aus Menschen herausholt oder wie man Misshandlungen überlebt. Es sollte für jeden etwas dabei sein.

Die meisten Menschen geben ihren Rat gerne weiter. Beim Wunsch zu helfen kommt die gute Seite der menschlichen Natur zum Ausdruck. Ein Ratschlag kostet nichts, kann beliebig oft geteilt werden und behält seine Gültigkeit. Ich hoffe, dass dies das erste von mehreren Büchern ist. Auf diesem Planeten leben so viele außergewöhnliche Menschen, dass diese erste Sammlung natürlich nur die Einsichten von sehr wenigen einfangen konnte. Es warten noch unendlich viele Geschichten darauf, erzählt zu werden, und noch mehr Weisheiten wollen entdeckt sein.

Ich möchte im Laufe der Zeit eine globale Sammlung mit Ratschlägen zusammentragen, eine gemeinsame Quelle der Weisheit, zu der jeder beitragen und von der alle profitieren können. Letztlich sind unsere Gemeinsamkeiten so viel größer als die Unterschiede. Alle Lebenspfade verlaufen verschieden, aber wir können doch vom Wissen derjenigen profitieren, die uns auf dem Weg etwas voraus sind und uns verraten können, wo es die schönsten Dinge zu sehen gibt oder wo man den Fluss am einfachsten überqueren kann.

Richard Reed, Juni 2016

Mit Präsident Clinton in der Blase

Seine Mitarbeiter nennen das Reisen in Präsident Clintons Gefolge »in der Blase sein«. Man fliegt mit der Präsidentenmaschine, fährt in der bewaffneten Kolonne mit, sitzt an seinem Tisch. Es ist weniger ein Fortbewegen als vielmehr ein *Gleiten*. Keine Schlange an der Passkontrolle, kein Check-in, kein Check-out, all das passiert hinter den Kulissen. Man geht dorthin, wohin auch Mr. President geht.

Bei einer Afrikatour der Clinton-Stiftung hatte ich Gelegenheit, in der Blase zu reisen. Es war ein knallhartes Programm: acht afrikanische Länder in acht Tagen. Jeden Tag dasselbe: Wir wachten in einem neuen Land auf, reihten uns in die Kolonne ein, fuhren stundenlang über staubige Straßen und Pisten voller Schlaglöcher bis ans Ende der Welt und besuchten ein Projekt – eine HIV-Klinik, eine Malariaeinrichtung, eine Gruppe, die sich für Frauenrechte einsetzt –, dann stiegen wir wieder in die Jeeps und fuhren weiter zum nächsten Projekt. Das Ganze wiederholte sich mindestens viermal am Tag.

Bei den Besuchen strotzte der Präsident vor Energie: raus aus dem Geländewagen, die Gemeindeschwester umarmen, mit den Würdenträgern sprechen, bei den Stammestänzen mitmachen, fürs Foto lächeln, eine Rede halten, einen Preis verleihen, mit den Einheimischen ins Gespräch kommen, mit den Kindern spielen, die stille Person in der letzten Reihe bemerken, sie gezielt ansprechen, umarmen und ihr ein Lächeln entlocken. Bei jeder Veranstaltung. Bei Staub und glühender Hitze, den ganzen Tag, acht Tage am Stück. So etwas hatte ich noch nie gesehen. Und wahrscheinlich auch sonst niemand.

Er überlegte einen Moment, als ich ihn bei einer seltenen Gelegenheit zwischen zwei Stopps nach seinem Rat für das Leben fragte. Seine Antwort verlieh dem, was wir zu sehen bekamen, einen unmittelbaren Sinn:

»Am wichtigsten ist es, Menschen zu sehen. Die Person, die dir die Tür öffnet, die Person, die dir den Kaffee einschenkt. Bemerke sie. Respektiere sie. Die traditionelle Begrüßung des Zulu-Volks in Südafrika ist ›Sawubona‹. Das heißt ›Ich sehe dich‹. Genau das versuche ich zu tun.«

Selten hat jemand sich so sehr an seinen eigenen Rat gehalten. Es war völlig verrückt. Nach zwölf Stunden kehrten wir müde, staubig und erschöpft ins Hotel zurück. Doch während wir Normalsterblichen uns verkrochen und den Zimmerservice riefen, war Präsident Clinton im Speisesaal und sprach mit den Kellnern, scherzte mit den Gästen, versüßte einem amerikanischen Pärchen die Hochzeitsreise, ließ sich zu einer Familie an den Tisch bitten und saß dort gemeinsam mit Mutter, Vater und zwei Kindern, die große Augen machten. Er hört nicht auf. Er weiß, was es für die Leute bedeutet, wenn sie einen Präsidenten, genauer, wenn sie *ihn* treffen. Jeder fühlt sich willkommen. Jeder wird ernst genommen. Jeder wird *gesehen*.

»Am wichtigsten ist es, Menschen zu sehen. Die Person, die dir die Tür öffnet, die Person, die dir den Kaffee einschenkt. Bemerke sie. Respektiere sie.«

BILL CLINTON

Marina Abramović ist anwesend

Ich laufe mitten durch New York auf der Suche nach Suppe. Genauer gesagt Hühnernudelsuppe *mit* Garnelen, oder, frage ich mich jetzt, hatte sie *ohne* Garnelen gesagt? Vor einem Monat habe ich mich mit Marina Abramović, der berühmten aus Serbien stammenden Performance-Künstlerin, zum Mittagessen verabredet und versprochen, ihre Lieblingssuppe mitzubringen. Ich kann mich aber nicht mehr erinnern, welche das war.

Um einen möglichen Fauxpas zu vermeiden, kaufe ich beide Varianten. Als ich in Marinas Studio in Greenwich Village ankomme, ist unsere erste Amtshandlung also, zu entscheiden, wer welche Suppe bekommt. Persönliche Vorlieben zählen nicht – sie besteht darauf, eine Münze zu werfen. Das Schicksal soll entscheiden.

Daran, dass ich mir Sorgen mache, ob sie verstimmt ist, wenn sie nicht die richtige Suppe bekommt, merkt man, wie hoffnungslos britisch ich bin. Denn anscheinend verdränge ich völlig, dass ich es mit einer Künstlerin zu tun habe, die sich im Namen der Kunst mehrfach öffentlich nackt gegeißelt, geschnitten und verbrannt hat. Wahrscheinlich ist sie nicht der Typ, der sich den Kopf über Suppe zerbricht.

Sie ist eine Frau, die in keine Schublade passt. Auf herrliche Weise einzigartig. Und dabei schafft sie es gleichzeitig, aufrichtig, frivol (sie erzählt sehr gerne dreckige serbische Witze*), freiheitsliebend, diszipliniert, draufgängerisch und liebevoll zu sein, und ist so ziemlich der interessanteste und lebendigste Mensch, den ich jemals getroffen habe.

Im Rahmen ihrer Performance-Kunst ist sie an viele Grenzen gegangen, hat im Laufe der Jahre das Bewusstsein verloren, Blut vergossen, Narben bekommen und ihr Leben riskiert. Bei einem ihrer frühen Werke, *Rhythm 0*, lag sie auf einem Tisch, während den Besuchern zweiundsiebzig verschiedene Objekte zur Verfügung standen – Schere, Feder, Skalpell, Honig, eine Peitsche usw. –, um sie damit so zu behandeln, wie sie es für richtig hielten. Zum Schluss war sie nackt, hatte einen tiefen Schnitt am Hals, jemand hatte ihr Dornen in den Bauch gepresst und eine Pistole an den Kopf gehalten.

Vor Kurzem ist sie siebzig geworden. Heute ist sie gefragter denn je. Die MOMA-Retrospektive von 2010 *The Artist Is Present* (*Die Künstlerin ist anwesend*) hat ihr ohnehin schon großes internationales Ansehen noch verstärkt. Als Teil der Ausstellung saß sie über siebenhundert Stunden lang unbeweglich und schweigend auf einem Stuhl, während Tausende von Besuchern Schlange standen, um ihr gegenüber Platz zu nehmen. Marina hielt mit jedem einzelnen von ihnen Blick-

---

* »Wie masturbieren Männer aus Montenegro? Sie stecken ihn in die Erde und warten auf ein Erdbeben.« (Anscheinend ein beliebter serbischer Witz über die Faulheit der montenegrinischen Männer. Ich entschuldige mich bei allen männlichen Lesern aus Montenegro. Quelle: Ambramović, M.)

kontakt, war völlig präsent und zeigte nur dann eine Reaktion, wenn die Besucher weinten. Dann weinte sie auch.

Sie erklärt, dass Präsenz und die Ausformung des Bewusstseins wichtige Themen ihrer Arbeit sind. Die Pflege der Achtsamkeit ist für sie der beste Weg, um sich von den künstlichen Strukturen der Gesellschaft zu befreien und das Gefühl von Macht- und Hilflosigkeit zu überwinden.

»Viele Leute glauben, dass die Welt auseinanderfällt, und das bringt sie dazu, einfach aufzugeben. Trägheit ist die eigentliche Gefahr für unsere Gesellschaft.

Die Menschen müssen begreifen, dass sie Veränderungen bewirken können, indem sie sich selbst verändern.«

Zugang zu einem höheren Bewusstsein erreichen wir nur, wenn wir aufhören zu denken und einen Zustand mentaler Leere herstellen. Nur dann können wir das empfangen, was Marina »liquides Wissen« nennt, ein »universelles Wissen, das allen gehört«. Der Wunsch, anderen zu diesem Wissen zu verhelfen, inspirierte ihr jüngstes Projekt, bei dem sie die Besucher aufforderte, Reiskörner oder Wassertropfen zu zählen, dieselbe Tür immer wieder und wieder zu öffnen, »Ablenkungen zu schaffen, um Ablenkung zu beenden und die Gegenwart wiederzuentdecken, sodass sie dann sich selbst wiederentdecken können«.

Betrachtet man die Originalität und kompromisslose Art ihrer Arbeit, die Risiken und Opfer, die sie in Kauf genommen hat, überrascht es nicht, dass ihr zentraler Ratschlag ist, sich voll und ganz dem hinzugeben, was man glaubt, tun zu müssen.

»Heute sind hundert Prozent nicht mehr genug. Gib hundert Prozent und dann geh weiter, gib mehr, als du kannst. Nimm den unbekannten Weg, dorthin, wo noch niemand war, denn nur so entwickelt sich die Zivilisation weiter. Hundert Prozent sind nicht genug. Hundertfünfzig Prozent reichen gerade so.«

Ich respektiere ihren Ratschlag völlig, gebe aber zu bedenken, dass die meisten Menschen möglicherweise nicht bereit sind, sich für ihre Leidenschaften ernsthaften Gefahren und körperlichen Schmerzen auszusetzen, so wie sie das getan hat. Aber auch da weiß sie einen Rat. »Ja, der Schmerz kann schrecklich sein, aber wenn du dir sagst: ›Was soll's? Schmerz, was kannst du mir anhaben?‹, wenn du den Schmerz akzeptierst und dich nicht länger davor fürchtest, dann wirst du die Schwelle zum schmerzfreien Zustand überschreiten.«

Ein Rat, den ich akzeptiere, ohne ihn unbedingt in der Praxis ausprobieren zu wollen.

»Heute sind hundert Prozent nicht mehr genug. Gib hundert Prozent und dann geh weiter, gib mehr, als du kannst. Nimm den unbekannten Weg, dorthin, wo noch niemand war, denn nur so entwickelt sich die Zivilisation weiter. Hundert Prozent sind nicht genug. Hundertfünfzig Prozent reichen gerade so.«

Marina Abramović

Terry Waite, ein geduldiger Mann

Soeben habe ich wohl einen der untertriebensten Sätze aller Zeiten gehört. Ich sitze mit Terry Waite beim Mittagessen in seiner Heimatstadt Bury St Edmunds. Er erzählt mir von seiner fünfjährigen Geiselhaft, in die er in den späten 1980er-Jahren im Libanon geriet, während er als Abgesandter der Church of England dort über die Entlassung inhaftierter Geiseln verhandeln sollte. Vier Jahre lang war er alleine in einer kleinen, fensterlosen Zelle an die Wand gekettet. Er berichtet von Schlägen und Scheinhinrichtungen. Immer wenn ein Wächter in die Zelle kam, musste er sich die Augen verbinden, vier Jahre lang sah er also kein menschliches Gesicht. Er bekam weder Bücher noch Stift und Papier und hatte keinerlei Kontakt mit der Außenwelt, auch nicht mit seiner Familie. Er denkt einen Moment nach und sagt: »Ja, es war ein bisschen einsam.«

Terry Waite ist die Verkörperung von Demut, Aufopferung und Hingabe. Er hat sich in große Gefahr begeben, weil er hoffte, anderen helfen zu können. Fünfundzwanzig Jahre später arbeitet er immer noch unermüdlich, um Menschen zu helfen, deren Familienmitglieder in Geiselhaft geraten sind. Das sagt eigentlich alles.

Das Verrückteste ist, dass er behauptet, er hätte das alles vor allem für sich selbst getan. Ich kenne die Theorie, dass keine barmherzige Geste selbstlos ist, aber das geht doch ein bisschen zu weit. Er besteht aber darauf und sagt, dass es in seinem Beruf immer um Versöhnung gegangen sei und dass der Weg, dem er gefolgt ist, ihm geholfen habe, die verschiedenen Seiten seiner Persönlichkeit miteinander zu versöhnen.

Viele Menschen müssten mehr erleiden als er, sagt er. Manche Menschen werden in ihren eigenen Körpern zu Geiseln, wenn Krankheit oder Unfall sie zur Bewegungsunfähigkeit verdammen. Und er weiß nur zu gut, wie viele Geiseln nie wieder nach Hause zurückkehren.

Terrys Worte und Taten zeigen, wie unendlich wichtig Empathie ist: Sie bildet das Fundament seiner Lebensphilosophie. Er erzählt von einem Treffen mit einer britischen Mutter, deren Sohn im Irak von Terroristen enthauptet wurde. Trotz ihrer schrecklichen Trauer sagte sie, dass ihr Leid sich nicht von dem einer Mutter im Irak unterscheide, die ihren Sohn im Krieg verloren habe. »Mit dieser einfachen Aussage hat sie mutig etwas zusammengefasst, was wir nie vergessen sollten: Wir sind alle Teil der großen Menschheitsfamilie. Wir alle haben Ängste, Hoffnungen und Träume. Wir sind alle verletzlich und sollten bei der Zuordnung negativer Stereotype vorsichtig sein.«

Die Empathie hat Terry geholfen, sich an die drei Regeln zu halten, die er festlegte, als er in Geiselhaft geriet: keine Reue, kein Selbstmitleid, keine Sentimentalität. Er folgte außerdem dem Prinzip der Gewaltlosigkeit, das auf eine sehr harte Probe gestellt wurde, als er eines Tages auf der Toilette eine Waffe fand, die sein Wächter dort vergessen hatte. (Terry sagte lediglich:

»Ich glaube, Sie haben etwas vergessen«, und gab sie ihm zurück.)

Aber wie kommt man mit vier Jahren völlig ungerechter und erbarmungsloser Einzelhaft klar?

»Ich habe mich bemüht, den Tag zu strukturieren. Erst habe ich mir etwas Zeit für Gymnastik genommen, dann habe ich ein bis zwei Stunden im Kopf geschrieben und anschließend Rechnen geübt. Viel Zeit habe ich damit verbracht, mir Gedichte auszudenken. Und dann war wieder Gymnastik dran. Und so weiter.«

Ich sage ihm, dass es mir unheimlich hart erscheint, all diese einsamen Stunden auszufüllen. Terry nickt und sagt mit beispielloser Untertreibung: »Ja, das Ganze wäre nicht so schlimm gewesen, wenn ich wenigstens ein paar Bücher bekommen hätte.«

Er behauptet, dass die Tortur aber auch unerwartete Vorteile mit sich gebracht habe. Sie gab ihm das Selbstvertrauen, seinen Job als Angestellter aufzugeben und ein freieres Leben zu führen. Eng damit verbunden ist seine Erkenntnis, dass jede Katastrophe im Leben sich in den meisten Fällen umkehren lässt und etwas Kreatives daraus entstehen kann. »Das heißt nicht, dass das Durchleiden nicht schwierig und verdammt hart ist, aber es muss nicht völlig destruktiv sein. Es kommt darauf an, wie du mit der Situation und anschließend mit dem Leben umgehst.«

Wie sollte man vor diesem Hintergrund dann am besten mit dem Leben umgehen?

»Das ist die Lektion, die ich in der Zelle gelernt habe. Du musst für den Tag leben, dir klarmachen, dass du dein Leben jetzt lebst, in genau diesem Moment. Nicht morgen, nicht gestern: jetzt. Also leb es so intensiv, wie du kannst. Investiere in jeden Tag.«

Nachdem ich mit Terry gesprochen habe, werde ich genau das tun.

»Du musst für den Tag leben, dir klarmachen, dass du dein Leben jetzt lebst, in genau diesem Moment. Nicht morgen, nicht gestern: jetzt. Also leb es so intensiv, wie du kannst. Investiere in jeden Tag.«

TERRY WAITE

Caitlyn Jenner – keine Geheimnisse mehr

Sieht man alte Aufnahmen von Bruce Jenner beim Gewinn der Goldmedaille im Zehnkampf der Männer bei den Olympischen Sommerspielen 1976 in Montreal – ein fast zwei Meter großer Adonis mit Löwenmähne –, dann versteht man leicht, warum er von der Nation als Sinnbild des amerikanischen Mannes gefeiert wurde. Was man allerdings nicht sieht, sind der versteckte Widerspruch und die dunkle Energie, die ihn dorthin brachten – Bruce fühlte sich als Frau.

Ich bin mit Caitlyn Jenner verabredet, der bekanntesten Transgender-Person der Welt. Sie spricht über ihr füheres Leben als Bruce Jenner und wie es ihm gelang, die Goldmedaille zu gewinnen. »Wenn ich mich heute daran erinnere, wie viel ich trainiert und geopfert habe und wie besessen ich von Technik und Timing war, frage ich mich: ›Irre, warum habe ich das alles auf mich genommen?‹«

Die Antwort ergibt sich aus dem qualvollen Rätsel ihres Lebens, das im April 2015 endlich aufgelöst wurde, als Bruce zu Caitlyn wurde. »Als ich aufwuchs, hatte ich Probleme mit meiner sexuellen Identität. Ich wusste bereits sehr früh, dass irgendetwas nicht stimmte, aber das war in den 1950er-Jahren. Damals hielt man den Mund und sah zu, dass man es zu etwas brachte. Also versuchte ich, es zu ignorieren und so zu tun, als wäre ich ein typischer Kerl.«

Während Bruce' Schulzeit wurde das Unbehagen noch durch seine Legasthenie verstärkt. Diese wurde allerdings nicht als solche erkannt. Vielmehr führte man seine Lese- und Rechtschreibschwäche darauf zurück, dass er faul und dumm sei. Sowohl seine innere Stimme, als auch die der Erwachsenen gaben ihm zu verstehen, dass etwas mit Bruce Jenner nicht stimmte. Als sich dann herausstellte, dass Bruce schneller laufen konnte als alle anderen Kinder im Sportunterricht, war es das erste Mal, dass er für etwas gelobt wurde, und er beschloss, dabei zu bleiben und weiter zu laufen. Viel weiter.

Was als Interesse für Leichtathletik begann wurde zu einer Sucht. »Es ging nicht nur darum zu gewinnen, sondern mir selbst zu beweisen, dass ich ein wertvoller Mensch war. Ich wollte nicht nur der Beste im Team sein, sondern der Beste auf der ganzen Welt. Gab es einen besseren Weg, um meine Männlichkeit unter Beweis zu stellen, als der weltbeste Sportler zu werden?«

Nach außen wirkte Bruce förmlich unschlagbar. Aber der Widerspruch, einerseits international für seine Männlichkeit gefeiert zu werden, und sich andererseits innerlich eigentlich als Frau zu fühlen, war unerträglich, und er durchlebte schwere Zeiten.

Bruce' Qualen haben einen medizinischen Namen: Wenn Menschen sich nicht mit dem bei ihrer Geburt zugewiesenen Geschlecht identifizieren können, nennt man das Geschlechtsidentitätsstörung. Eine erschreckende Statistik verdeutlicht, wie extrem diese Qualen sein können: In den Vereinigten Staaten versuchen über vierzig Prozent der Menschen mit einer solchen

Störung sich das Leben zu nehmen. Im Vergleich dazu liegt der nationale Durchschnitt bei weniger als einem Prozent. Manchmal überlegte Bruce, sich diesen vierzig Prozent anzuschließen.

Er dachte auch über ein Coming-out nach. Bruce war es leid, mit einer permanenten Lüge zu leben, und unterzog sich Anfang der 1980er-Jahre einigen plastischen Operationen, um weiblicher auszusehen. Aber aus Angst vor der Öffentlichkeit und einem überwältigenden Gefühl von Scham gab er seine Versuche wieder auf. Er begrub sein Geheimnis erneut und trat weiterhin als Mann auf, auch wenn er heimlich unter seinem Anzug Damenunterwäsche trug – ein versteckter Tribut an sein inneres Selbst.

Alle Bereiche von Bruce' Leben litten unter der Selbstverleugnung und dem Kampf, den Erwartungen der Gesellschaft gerecht zu werden: Ehen und Beziehungen zerbrachen daran, es beeinflusste seine Karriere und begünstigte Abhängigkeiten. »Wenn du Probleme mit deiner Geschlechtsidentität hast, dann ist das immer präsent. Du kannst nicht einfach zwei Aspirin nehmen und dann ist es vorbei.«

Der Wendepunkt kam, als er mit Anfang sechzig Single war. »Alle meine Kinder waren erwachsen, und ich saß ganz allein zu Hause, während mich immer noch dieselben Themen beschäftigten wie zehn Jahre zuvor. Ich dachte mir: ›Was soll ich tun? Ich halte das nicht mehr aus.‹« Nach jahrelangen Gewissenskämpfen stellte er sich seinen Ängsten, fragte seinen Gott um Rat (ein Pastor half Bruce bei der Erkenntnis, dass es vielleicht genau seine Aufgabe auf Erden war, sich in aller Öffentlichkeit als Person zu verwandeln) und beschloss, Bruce in Rente zu schicken und mit vierundsechzig Jahren Caitlyn zur Welt zu bringen.

Jene Frau, die mir nun von diesem früheren Leben berichtet, verblüfft mich durch ihre anmutige, sanfte und offene Art, mit der sie davon erzählt. Sie ist großmütig und nicht verbittert, weder gegenüber den Medien, die sie permanent belästigten, noch gegenüber den Menschen, die sie diffamierten. Sie bemerkt dazu nur: »Das Internet kann fürchterlich sein.« Ich spreche sie auf diese Friedfertigkeit an, und sie antwortet leise und tiefsinnig: »Meiner Seele geht es besser als je zuvor. Ich habe keine Geheimnisse mehr, und das ist ganz wunderbar.« Sie spricht viel über die große Unterstützung, die sie von ihrer Familie bekommen hat; einer ihrer Söhne sagte ihr, dass er niemals stolzer gewesen sei.

Einen Teil ihrer Aufgabe sieht Caitlyn inzwischen darin, das Bewusstsein für Geschlechtsidentitätsstörungen und die stillen Qualen, die Menschen deshalb durchleben, zu schärfen. Sie weiß, wie schmerzhaft es ist, wenn man Dinge verheimlicht, kennt jetzt aber auch die Freude und Erlösung, wenn man sie ans Licht holt. Bruce war von inneren Konflikten gebeutelt, Caitlyn ist mit sich im Reinen.

Ihr bester Rat ist Ausdruck ihrer Lebensgeschichte und Mission:

»Es ist letztlich das Beste, ohne Geheimnisse durchs Leben zu gehen. Geh offen damit um, wer du bist. Wache morgens auf und sei du selbst. Lebe dein Leben ohne dich dafür zu schämen, wer du bist, und belaste dich nicht mit Geheimnissen.«

Für diese Haltung kann es wirklich keine bessere Botschafterin als Caitlyn Jenner geben.

»Lebe dein Leben ohne dich dafür zu schämen, wer du bist, und belaste dich nicht mit Geheimnissen.«

Caitlyn Jenner

Der wortgewandte Mr. Fry

Das letzte Mal, als ich mit Stephen Fry sprach, war er ein Roboter. Wir befanden uns auf einer Technik-Konferenz, und er nahm via iPad teil, das an einem Maschinenmenschen auf Rädern befestigt war und mithilfe eines Joysticks und einer Kamera aus seinem Schlafzimmer ferngesteuert wurde. Diesmal treffen wir uns persönlich und nippen in einem gemütlichen, exklusiven Londoner Club Tee aus feinen Porzellantassen. Die Verschiedenartigkeit der Begegnungen illustriert wunderbar die zwei Seiten dieses faszinierenden Mannes: einerseits ein bekennender Technologiefreak, der sich für den neuesten Stand der Technik interessiert, andererseits ein eleganter britischer Gentleman mit Vorliebe für klassische Tradition und Kultur.

Wie Sie sicher schon vermutet haben, ist es bereichernder, ihm real und nicht nur virtuell zu begegnen. Wenn man Stephen Fry persönlich trifft, spürt man seine Wärme und Besonnenheit und bekommt durch die vielen kleinen Geschichten und Geständnisse, die er in die Unterhaltung einfließen lässt, das wunderbare Gefühl von Komplizenschaft. Er ist ein Mensch, mit dem man sehr gut Zeit verbringen kann.

Bescheiden sagt er, dass er mit Ratschlägen normalerweise sparsam sei, sich aber ein paar Gedanken gemacht habe, die er gerne teilen würde. Ich erwarte also etwas Literarisches oder Spirituelles. Überraschenderweise ist sein erster Gedanke jedoch ein offener Angriff auf das Gewerbe der Lebenshelfer. »Mein Ratschlag ist, auf jedwede Lebensberatung oder Coaching-Sitzung zu verzichten. Das sind ohne Ausnahme Quacksalber, sehr begabt darin, das so verdammt Offensichtliche zu benennen, bis einem das Blut aus der Nase läuft.«

Das hatte ich ehrlich gesagt nicht erwartet.

Als ich nach dem Grund frage, holt er weiter aus. Zum einen liegt es daran, »dass diese Leute wie besessen Ziele setzen. Und wenn ich meine Ziele erreiche, was passiert dann? War's das, ist mein Leben vorbei? Ich habe mein Ziel erreicht, setze ich mir jetzt einfach ein anderes? Welche Bedeutung hat das erste Ziel, wenn man dann doch ein zweites setzen muss? Und wenn ich das Ziel nicht erreiche, bin ich dann ein Versager?«

Während er spricht, blättere ich unauffällig die Seite in meinem Notizbuch um, auf der ich meine Ziele für den heutigen Tag notiert habe.

Es überrascht nicht, dass Stephen keinen Lebensberater hat. Aber er hat Noël Coward. Ein Zitat von ihm, das über Stephens Schreibtisch hängt, fasst seine Lebenseinstellung zusammen: Arbeit macht mehr Spaß als Spaß.

»Wenn du es schaffst, dass das auf deine Arbeit zutrifft, dann wirst du ein wunderbares Leben haben. Ich weiß, wie viel Glück ich habe, dass es bei mir so ist, und wie unglücklich viele sind, denen es nicht so geht. Die Leute reden immer über die ›Work-Life-Balance‹. Die Idee, das eine gegen das andere aufzurechnen, ergibt aber keinen Sinn. Meine Arbeit ist nicht das Gegenteil meines Lebens – meine Arbeit ist mein Leben.«

Es reicht natürlich nicht, wenn man seine Arbeit liebt. Wenn man etwas erreichen will, muss man bereit sein, sehr hart dafür zu arbeiten. »Alle erfolgreichen Menschen, die ich kenne, arbeiten sehr hart. Wirklich hart. Vielleicht ist das mein Ratschlag: Reiß Dir den Arsch auf.«

Aber noch wichtiger ist Stephens Empfehlung, nicht fälschlicherweise zu glauben, dass es für alle anderen einfacher wäre.

»Es ist ungesund, einen erfolgreichen Menschen zu betrachten und zu denken: ›Diese Person hat Geld, sieht gut aus, spielt gut Cricket … für sie ist es einfacher.‹ Damit liegst du vermutlich in 90 Prozent der Fälle falsch. Aber selbst, wenn es manchmal stimmt, hat dieser Gedanke eine destruktive Wirkung. Er führt zu Missgunst, und die ist zerstörerisch und macht alles kaputt außer sich selbst.«

Stephens Meinung nach ist es besser, wenn man versucht, sich in die Person hineinzuversetzen, sich vorzustellen, wie das Leben für sie ist.

»Es ist das Geheimnis der Kunst und das Geheimnis des Lebens: Je mehr Zeit du dir nimmst, dir vorzustellen, was es heißt, jemand anderer zu sein, desto mehr Empathie für andere entwickelst du, und umso einfacher ist es, dich selbst zu kennen und du selbst zu sein.«

Was für uns alle wiederum das Beste ist.

»Reiß dir den

Arsch auf.«
            STEPHEN FRY

Die erotische Intelligenz der Esther Perel

Wahrscheinlich ist das ein Zeichen der Zeit: Ich bin bei einer internationalen Technik-Konferenz, wo sich Tausende Gründer innovativer Internetfirmen treffen, aber der Vortrag, den *alle* hören wollen, wird von Esther Perel gehalten, der weltweit bekanntesten Beziehungstherapeutin und Chefratgeberin für den Umgang mit Intimität in der Moderne.

Esther ist bereit, aber die Organisatoren geben noch kein Okay. Wir sind im größten Vortragssaal, und es sind fünfhundert Leute mehr anwesend, als Plätze zur Verfügung stehen. Gründer sitzen auf den Stufen, stehen hinter den Sitzreihen, drängen sich an den Eingängen. Laut Brandschutzrichtlinie ist das nicht erlaubt, also gibt es eine Ansage: Esther wird erst anfangen, wenn fünfhundert Personen den Raum verlassen haben. Allerdings ist niemand bereit, den Vortrag zu verpassen. Es entsteht eine Pattsituation, die sich erst auflöst, als Esther verspricht, den Vortrag später noch einmal für diejenigen zu halten, die nicht im Raum bleiben können. Die Nachfrage ist so groß, dass sie im Laufe des Wochenendes dann insgesamt vier Vorträge hält. Nur zum Vergleich: Der Erfinder von Uber hält gerade mal einen.

Ich treffe Esther später in ihrer Wahlheimat New York und frage sie, warum ihrer Meinung nach so viele Menschen versessen darauf waren, ihren Rat zu Sex und Beziehungen zu hören. »Wir haben uns heute an einen digitalisierten Lebensstil gewöhnt, eine Generation, die seit Jahren vor sich hin klickt, in einer Umgebung ohne sinnliche Reize. Das schafft das Bedürfnis nach Korrektur, nach menschlichem Kontakt, nach direkten, persönlichen Beziehungen. Aber oft haben wir nach unserem Aufenthalt in der digitalen Welt Probleme mit der imperfekten Natur echter Menschen.«

Sie bewertet und verurteilt die Menschen nicht, die in einer Parallelwelt versunken sind und Hilfe dabei brauchen, ihr echtes Leben auf die Reihe zu bekommen. Es bereitet ihr jedoch manchmal Sorgen. »Die Unmittelbarkeit von Verbindungen im Netz kann etwas sehr Schönes sein. Andererseits können Dating-Apps, bei denen wir nach links oder rechts wischen, Menschen auch das Gefühl geben, jederzeit verfügbar zu sein oder sogar zu einer Ware zu werden, und diese Kommerzialisierung tut weh und wirkt entwürdigend.«

Internationale Anerkennung erlangte Esther mit dem Buch *Wild Life: Die Rückkehr der Erotik in die Liebe*, das sich mit »erotischer Intelligenz« beschäftigte und der Frage nachging, wie man Sex in langjährigen Beziehungen lebendig halten kann. Sie zeigte die tiefer liegenden Widersprüche bei der Partnerwahl auf: Wir sehnen uns nach Freiheit, aber auch nach Sicherheit, Liebe braucht Vorhersagbarkeit, gleichzeitig sucht das Begehren Neues. Sie nahm kein Blatt vor den Mund, gab einige pragmatische Ratschläge und soll zahllose Beziehungen gerettet haben.

Noch spannender als ihre Arbeit ist der Grund, warum Esther ursprünglich überhaupt auf die Idee gekommen ist, sich mit Menschen und Beziehungen zu beschäftigen. »Mein Interesse an Menschen, am Menschsein, der Art, wie Menschen leben, ob sie ein bedeutungsvolles Leben führen oder nicht, geht auf meine Eltern zurück, die beide Holocaust-Überlebende waren. Sie haben mehr als vier Jahre in Konzentrationslagern verbracht und waren völlig mittellos, als sie wieder herauskamen. Alles, was sie hatten, waren sie selbst, ihr Anstand und ihre Beziehung. Das hatte überdauert. Und mein Vater sagte, dass das alles war, worauf es ankam.«

Man spürt die Weisheit ihres Vaters in dem Rat, den Esther gibt, einer der besten und tiefgründigsten, die ich je gehört habe:

»Die Qualität deines Lebens hängt letztendlich immer von der Qualität deiner Beziehungen ab. Nicht von deinen Erfolgen oder davon, wie schlau oder wie reich du bist, sondern von der Qualität deiner Beziehungen, die im Kern deinen Sinn für Anstand, deine Fähigkeit, an andere zu denken, und deine Großzügigkeit widerspiegeln. Wenn Menschen dich am Ende deines Lebens würdigen, dann werden sie sagen, was für ein wundervoller Mensch du warst, und dann wird es nicht um dein dickes Bankkonto gehen, wirklich nicht. Es wird darum gehen, wie du die Menschen um dich herum behandelt hast und wie sie sich in deiner Gegenwart gefühlt haben.«

»Die Qualität deines Lebens hängt letztendlich immer von der Qualität deiner Beziehungen ab. Nicht von deinen Erfolgen oder davon, wie schlau oder wie reich du bist, sondern von der Qualität deiner Beziehungen, die im Kern deinen Sinn für Anstand, deine Fähigkeit, an andere zu denken, und deine Großzügigkeit widerspiegeln.

Wenn Menschen dich am Ende deines Lebens würdigen, dann werden sie sagen, was für ein wundervoller Mensch du warst, und dann wird es nicht um dein dickes Bankkonto gehen, wirklich nicht. Es wird darum gehen, wie du die Menschen um dich herum behandelt hast und wie sie sich in deiner Gegenwart gefühlt haben.«

Esther Perel

Heston Blumenthal ganz privat

Es läuft nicht gut für mich. Spielstand zehn zu eins, Matchball für Heston Blumenthal. Der Starkoch mit den drei Michelin-Sternen und Betreiber des besten Restaurants der Welt (so die Meinung der besten Köche weltweit) erweist sich auch beim Tischtennis als Ass. Zu meiner Verteidigung kann ich sagen, dass er mich vor Beginn des Spiels reichlich mit schillernden Cocktails bewirtet und außerdem zugegeben hat, dass er wöchentlich zwei- bis dreimal Tischtennisunterricht nimmt. Immerhin ist die Schmach schnell vorbei: Sein letzter Aufschlag geht dahin, wo er hingehört, und ich lasse mich auf eine Bank fallen und tröste mich mit einem weiteren Cocktail.

Heston zu Hause zu treffen ist ein Erlebnis, das britische Mittelklasse-Pendant zu einem Besuch bei Hunter S. Thompson: Man trinkt Alkohol, raucht Zigarren und führt tiefschürfende Unterhaltungen, zwar wird nicht mit Waffen geschossen, aber er besitzt eine Tischtennismaschine, die hundert Bälle pro Minute abfeuern kann. Wir schalten sie ein und lösen einen Hagelsturm aus – die kleinen Kerle prasseln auf Wände und Oberflächen im Tischtenniskeller nieder.

Ich kenne Heston schon eine Weile. Sein Gehirn funktioniert wie seine Ballmaschine, er schafft es, hundert Ideen in einer

Minute loszulassen. Neugier, Kreativität und Freude am Lernen sind bei ihm stärker ausgeprägt als bei allen anderen Menschen, die ich kenne. Zum ersten Mal sind wir uns bei einem Firmenmeeting begegnet. Ich wurde Zeuge, wie er dreihundert Leute dazu brachte, mit zugehaltener Nase einen Apfel zu essen, um zu demonstrieren, dass Geschmack das ist, was wir riechen, und nicht wirklich das, was wir schmecken. Für ihn besteht alles aus sinnlicher Erfahrung. Zur Illustration gehen wir wieder in die Küche, und er zeigt mir, wie man eine Zigarre so raucht, dass alle Aromen voll zur Geltung kommen. Dazu zieht man eine brennende Zigarre wiederholt mit einem deutlichen Schmatzgeräusch von den Lippen. Der Trick besteht darin, »den Rauch nicht in den Mundraum, nicht an den Zähnen vorbeizulassen«.

Essen spielt in Hestons Leben nicht nur eine zentrale Rolle, er nutzt es auch, um die gesamte menschliche Existenz zu erklären. Essen prägt nicht nur, was wir machen und wer wir sind, sondern auch, *was* wir sind.

»Unsere Entwicklung beruht auf der Nahrungsaufnahme und allem, was damit zusammenhängt. Als wir das Feuer entdeckten, hörten wir auf, nur rohe Stärke zu essen. Der untere Verdauungstrakt schrumpfte, unser Hals streckte sich, und dadurch entwickelte sich auch der Kehlkopf weiter. Das wiederum erlaubte es uns im Laufe der Zeit, Laute zu produzieren. Die Fähigkeit zu kommunizieren bedeutete, dass wir Ideen weitergeben und unsere Fantasie gebrauchen konnten, und dadurch wurde alles andere möglich.«

Heston hat die Küche um mehr originelle Ideen bereichert als irgendjemand sonst. Die kulinarische Welt wurde das erste Mal richtig auf ihn aufmerksam, als er in seinem Restaurant »The Fat Duck« Krabbeneiscreme auf die Speisekarte setzte.

Ein Gericht, das heute fast alltäglich anmutet – angesichts der fantasievollen Essenswelten, die er seitdem erschaffen hat, mit Pubs, die man verspeisen, Essen, dem man zuhören kann, und Schokolade, die in der Luft schwebt.

Sein Interesse an der Welt der Nahrung sei während eines einzigen Mittagessens von null auf hundert gestiegen, sagt Heston. Als er ein Teenager war, bekam sein Vater vom Arbeitgeber eine Bonuszahlung und ging mit der Familie in einem französischen Drei-Sterne-Restaurant essen. Heston beeindruckte nicht nur das Geschmackserlebnis, sondern auch die sinnliche Überwältigung, die der Geruch von Lavendel aus dem Restaurantgarten, das Gefühl des Leinentischtuchs, das Knirschen der Kiesel unter den Füßen, das Geräusch der Grillen und das Klirren der Gläser bei ihm auslösten. »Es fühlte sich an, als ob ich durch das Kaninchenloch gestiegen und im Wunderland gelandet wäre. Damals beschloss ich, dass ich Koch werden wollte.«

Seine Neugier wurden durch die Beschäftigung mit Eiscreme angekurbelt. Er fand eine Rezeptur aus dem Jahr 1870 für Parmesan-Eis. »Erst dachte ich: ›Wie skurril!‹ Dann habe ich mich gefragt, warum das skurril sein sollte. Wer sagt denn, dass Eiscreme süß sein muss? Und als ich mir diese Frage gestellt hatte, begann ich, auch alles andere infrage zu stellen. Ich habe ein loses Ende gefunden und dann einfach weiter daran gezogen.«

Ein durchschnittlicher Koch sieht sich auf der Suche nach Inspiration andere Restaurants und Menüs an, Heston hingegen beschäftigt sich mit Biologie, Chemie, Geschichte und Geografie. Er hat sich mit Makrobiotik-Professoren, Psychologen und Molekular-Forschern zusammengetan. Wie weit er dabei geht, lässt sich an einer Liste der 175 einflussreichsten lebenden oder toten Naturwissenschaftler und Chemiker weltweit ablesen, die die Royal Society of Chemists in diesem Jahr veröffentlicht hat. Einstein ist darunter, Heston ebenso.

Er zeigt mir ein Wappen, das er entworfen hat und das jetzt an der Küchenwand hängt. Sieben Jahre hat er für den Entwurf gebraucht, weil er alles einfließen ließ, was ihm wichtig ist. Man sieht dort einen Lavendelzweig, der für den Geruch und seinen ersten Restaurantbesuch steht, zwei Hände, die die Handwerkskunst seiner Arbeit versinnbildlichen, eine Tudor-Rose für das historische Element seines Kochens, eine Lupe, die die Bedeutung von Recherche und Forschung symbolisiert, und einen Apfel, der für Newtons Entdeckung und nicht lineares Denken steht. Am bezeichnendsten ist das Motto, nur zwei kursiv gesetzte Wörter, die seinen Ansatz, seine Kreativität und das, was er den besten Ratschlag für das Leben nennt, zusammenfassen:

»Hinterfrage alles.«

Und er erklärt mir:

»Das Gegenteil davon, alles zu hinterfragen, ist nichts infrage zu stellen. Und dann gibt es kein Wissen, kein Lernen, keine Kreativität, keine Wahlfreiheit, keine Fantasie. Daher frage ich immer warum. Und warum nicht. Ich frage, frage, frage Fragen. Und dann höre ich zu. Auf diese Art und Weise entdecke ich Neues.«

Dann beendet er das Gespräch mit einer Frage. Es ist die, die ich am meisten gefürchtet habe: »Lust auf eine weitere Runde Tischtennis?«

»Hinterfrage alles …
Das Gegenteil davon, alles zu hinterfragen, ist nichts infrage zu stellen. Und dann gibt es kein Wissen, kein Lernen, keine Kreativität, keine Wahlfreiheit, keine Fantasie. Daher frage ich immer warum. Und warum nicht. Ich frage, frage, frage Fragen. Und dann höre ich zu. Auf diese Art und Weise entdecke ich Neues.«

HESTON BLUMENTHAL

Die zwei Stimmen von Annie Lennox

Annie Lennox hat zwei Stimmen. Mit der ersten hat sie über achtzig Millionen Alben verkauft, die ihr fünf Grammys, einen Academy Award und mehr Brit Awards als jeder anderen Künstlerin eingebracht haben. Die zweite Stimme erhebt sie für Frauenrechte und das Thema HIV/Aids in Afrika. Es ist diese zweite Stimme, die in letzter Zeit zunehmend in den Mittelpunkt rückt.

Annie erinnert sich noch daran, als sich die Tonlage ihrer Stimme von Kunst zu Aktivismus veränderte. Das war nach einem Konzert zur Gründung von »46664«, Nelson Mandelas HIV/Aids-Stiftung in Südafrika, dem Land mit der höchsten HIV-Infektionsrate weltweit. Sie hörte Mandela zu, als er die HIV-Pandemie als »stillen Genozid« bezeichnete, »der das Gesicht von Frauen trägt«. Er erklärte, dass eine von drei schwangeren Frauen in Südafrika HIV-positiv und dass Aids weltweit eine der häufigsten Todesursachen für Frauen im gebärfähigen Alter sei (und das ist auch heute noch so). Beim Besuch in einem Township-Krankenhaus sah sie die Auswirkungen der Krankheit mit eigenen Augen, dann in Kliniken, Einrichtungen für Vergewaltigungsopfer, Waisenhäusern und bei Menschen zu Hause. Für Annie war es eine dunkle Erleuchtung. In diesem

Moment beschloss sie, ihr Leben als eine Art Antwort auf diese Tragödie zu gestalten.

Hinter ihr liegen mehr als zehn Jahre unermüdlicher Arbeit, in denen sie sich dem Problem gewidmet hat – Arbeit, die laut Erzbischof Desmond Tutu »erheblich dazu beigetragen hat, die Pandemie in unserem Land einzudämmen«. 2007 rief sie eine Kampagne unter dem Titel »SING« ins Leben, mit der sie weltweit das Bewusstsein schärfen und sofortiges Handeln anstoßen wollte, um dafür zu sorgen, dass HIV-positive Frauen und Kinder Zugang zu der Behandlung und Fürsorge bekommen, die sie brauchen. Annie reiste um die Welt und trat auf, um Geld zu sammeln, sie hielt Präsentationen und Reden, gab Interviews für Radio, Fernsehen und Printmedien, sie sprach bei Konferenzen und Demos sowie vor Volksvertretern und sagte den Mächtigen bei jeder Gelegenheit die Wahrheit direkt ins Gesicht. Außerdem gründete sie »The Circle«, eine Organisation, die Frauen dazu inspirieren möchte, dass sie ihre Fähigkeiten, ihre Kreativität und ihren Einfluss zusammenbringen und an der Beseitigung von Barrieren und Ungerechtigkeiten arbeiten, mit denen die meisten machtlosen Mädchen und Frauen weltweit zu kämpfen haben.

Die staubigen Ebenen in Subsahara-Afrika sind sehr weit von der Arbeitermietskaserne in Aberdeen entfernt, wo sie aufwuchs. Annie kommt aus einer armen, aber musikalischen Familie und lernte in der Schule Klavier und Flöte, was ihr im Alter von 17 Jahren einen Platz an der Royal Academy of Music in London einbrachte. »Das war mein Ticket, um da rauszukommen.«

Es folgten harte Jahre. »Ich hatte sehr wenig Geld und kannte niemanden. Ich wohnte in verschiedenen möblierten Zimmern und versuchte, irgendwie klarzukommen, aber auch wenn es düster aussah, wollte ich doch nicht zurück nach Schottland und mich wie eine Versagerin fühlen.«

Ihr blieb jedoch immer das Singen. »Ich sang und sang und sang, wenn ich durch die Straßen lief, unter der Dusche, die ganze Zeit, nur für mich, und als die Royal Academy drei Jahre später zu Ende war, wusste ich, dass ich Songwriterin werden wollte. Also fing ich an, auf einem alten viktorianischen Harmonium Lieder zu schreiben. Seit meinem zwölften Lebensjahr schrieb ich Gedichte und hatte eine Menge zu sagen.«

Trotz harter Arbeit, viel Übung und großer Leidenschaft fehlte zum Erfolg doch immer noch ein Faktor: der glückliche Zufall. Der ereilte sie dann auf dem Camden Market, wo sie gebrauchte Klamotten anbot und den Stand mit einem Freund teilte. Dort lernte sie jemanden kennen, der Schallplatten verkaufte und zu ihr sagte: »Ich muss dich meinem Kumpel Dave vorstellen.« Mit Dave Stewart war Annie von Anfang an auf derselben kreativen Wellenlänge, und innerhalb weniger Jahre führten die beiden als Eurythmics die Charts auf beiden Seiten des Atlantiks an.

Es ist die Lebensgeschichte einer Frau, die ihren Leidenschaften folgt, wo auch immer sie sie hinführen, von den Mietskasernen in Aberdeen über die Grammys in Amerika zu den Townships in Afrika, und ihr Ratschlag passt perfekt dazu.

»Es gibt im Leben ›Aha!‹-Momente, wenn vielleicht ein Licht angeht, wenn du denkst: ›Ich muss das machen‹ – was auch immer es ist. Nicht, weil dir das jemand sagt, sondern weil es wie ein innerer Zwang ist und etwas grundlegend falsch liefe, wenn du es nicht tätest. Wenn

du das Licht siehst – folge ihm. Finde andere Menschen, die deine Leidenschaft teilen. Kultiviere sie. Finde den tieferen Sinn in deinem Leben.«

Es kann sicherlich nicht schaden, auf diese Stimme zu hören.

»*Es gibt im Leben* ›*Aha!*‹-*Momente, wenn vielleicht ein Licht angeht, wenn du denkst:* ›*Ich* muss *das machen*‹ – *was auch immer es ist. Nicht, weil dir das jemand sagt, sondern weil es wie ein innerer Zwang ist und etwas grundlegend falsch liefe, wenn du es nicht tätest. Wenn du das Licht siehst – folge ihm. Finde andere Menschen, die deine Leidenschaft teilen. Kultiviere sie. Finde den tieferen Sinn in deinem Leben.*«

ANNIE LENNOX

Recherchen über Frederik Obermaier

»Hallo. Hier spricht John Doe. Interessiert an Daten?« So lautete die Nachricht, die der Investigativreporter Frederik Obermaier und sein Kollege Bastian Obermayer 2015 eines Abends erhielten. Diese E-Mail sollte ihr Leben und auch das Wissen der Welt über die undurchsichtige Offshore-Finanzindustrie verändern und löste die größte Whistleblower-Geschichte aller Zeiten aus: die »Panama Papers«.

Das alles wusste Frederik natürlich noch nicht, als sein Kollege auf die Nachricht reagierte und einfach »Selbstverständlich!« antwortete. Als investigative Journalisten bekommen sie zahlreiche Nachrichten, in denen ihnen Informationen angeboten werden, und aus den meisten davon ergibt sich nichts. Aber als sie die ersten Dateien bekamen, wussten sie, dass dies keine gewöhnliche Story werden würde.

Die ersten Informationen, die ihnen der digitale John Doe zuspielte, stammten von dem in Panama ansässigen Rechtsdienstleistungsunternehmen Mossack Fonseca, weltweit einer der größten Anbieter von anonymen Offshorefirmen. Die Dateien enthielten Informationen im Zusammenhang mit laufenden Ermittlungen in Argentinien. Ein Staatsanwalt verdächtigte zwielichtige Geschäftsleute, dem Präsidenten von Argentinien geholfen zu haben, 65 Millionen Dollar außer Landes zu schmuggeln, indem er ein hyperkomplexes System aus 123 Briefkastenfirmen nutzte, das von *Mossack Fonseca* bereitgestellt wurde. Wie man sich vorstellen kann, horchte Frederik bei dieser Art von Informationen auf.

Unglaublich, aber das war nur ein Vorgeschmack auf das, was danach folgte. Die Panama Papers entwickelten sich zu einem globalen Phänomen, das führende Politiker, Wirtschaftsbosse und Prominente auf der ganzen Welt betraf. Der isländische Premierminister trat zurück, David Cameron war kurz davor, Wladimir Putin sah sich Unterschlagungsvorwürfen ausgesetzt, und die Zensurbehörde in China blockierte internationale Medienseiten, um zu verhindern, dass noch mehr Informationen über die Panama Papers ans Licht kamen.

Frederik erzählt, wie es sich anfühlt, im Epizentrum eines internationalen, für viele rufgefährdenden Erdbebens zu sein. Sympathisch und lustig an dieser unfassbaren Geschichte ist die Situation, in der er die Informationen erhielt. Er war in Elternzeit, musste seine Tage also zwischen der Arbeit an der Story, von der er wusste, dass sie möglicherweise Regierungen stürzen würde, und Windelwechseln aufteilen.

Die Arbeit an dieser Geschichte wurde zur größten Aufgabe seines Lebens. Frederik und seine Kollegen arbeiteten über ein Jahr daran, bevor sie veröffentlicht wurde. Es gab so viele Informationen, die gesichtet, verifiziert und geordnet werden mussten. Sein Leben drehte sich eigentlich nur noch darum. »Ich stand um drei Uhr auf und arbeitete, bis mein Kind aufwachte. Dann kümmerte ich mich darum, brachte es in den

Kindergarten, ging zur Arbeit und machte dort bis 22 Uhr weiter. Fast jeden Tag, ein ganzes Jahr lang. Am Ende war ich völlig erschöpft und wurde wenige Tage vor der Veröffentlichung krank. Mein Körper gab mir zu verstehen, dass ich so nicht weitermachen konnte.«

Frederik und sein Reporterkollege Bastian Obermayer wussten sehr früh, dass sie eine einmalige Chance bekommen hatten. Aber anstatt die Geschichte für sich zu behalten, teilten sie sie mit dem Internationalen Netzwerk investigativer Journalisten, das die Daten an hundert Medienorganisationen auf der ganzen Welt verteilte. Der Schritt war kontraintuitiv: Normalerweise wollen Journalisten ihre interessantesten Geschichten für sich behalten. Aber sie erkannten, dass die Sache wichtiger war als sie selbst und ihre Karriere. Es war ihre Pflicht sicherzustellen, dass so viele Menschen wie möglich herausfanden, was die Geld-Elite hinter den Kulissen so trieb.

Diese Entscheidung verstärkte den Druck noch weiter. »Es war einfach nicht normal, Geschichten mit Hunderten von Journalisten zu teilen. Ich fühlte mich für jeden potenziellen Fehler verantwortlich.« Aber es war diese Kooperationsbereitschaft, die dazu führte, dass weltweit über die Geschichte berichtet wurde und – nach der letzten Zählung – mehr als achtzig verschiedene Untersuchungen weltweit angestoßen worden waren. Keine andere Geschichte hatte so viel Staub aufgewirbelt.

Frederik weiß selbstverständlich, dass Stress bei einer so brisanten Geschichte wie den Panama Papers noch die geringste Sorge ist. Als ich ihn nach seinem Kind frage, sagt er, dass es ihm lieber sei, nicht darüber zu sprechen und nicht einmal das

Geschlecht zu verraten. Je weniger über seine Familie bekannt sei, desto besser. Und Frederik zählte zu den Glücklichen, die in einem relativ sicheren Land an der Geschichte arbeiteten. Einige seiner Kollegen in anderen Ländern erhielten Todesdrohungen und mussten das Land verlassen. Am tragischsten war der Fall einer Journalistin, die auf Malta über die Panama Papers berichtete, welche dort die Frau des maltesischen Premierministers mit Briefkastenfirmen und Zahlungen der aserbaidschanischen Regierung in Verbindung brachten. Sie wurde im Oktober 2017 von einer Autobombe getötet. Ein extrem erschütternder Vorfall, dessen Brutalität zeigt, dass dunkle Mächte sich durch die Enthüllungen der Panama Papers bedroht fühlen.

Ich frage, ob die Recherche zu den Panama Papers dem Öffnen einer Falltür gleiche, durch die man hinabblickt und sieht, wie korrupt die Welt in Wirklichkeit ist. Frederik ist da positiver eingestellt und weniger skeptisch. »Es ist eher so, als hätte man die Tür zu einer Parallelwelt geöffnet, weil ich immer noch an das Gute da draußen glaube und nicht davon ausgehen will, dass alles schlecht ist. Aber ich fühle eine Verpflichtung, den Reichen und Mächtigen auch weiterhin auf die Finger zu schauen.«

Als ich ihn frage, was er aus dieser Erfahrung gelernt hat, sagt er überraschender- und lustigerweise als Erstes: »Es hat mir gezeigt, wie wichtig es ist, sein Passwort nicht zu vergessen!« Er erzählt von einer Situation, als er und sein Partner all die unglaublich sensiblen Informationen auf einer hackersicheren verschlüsselten Festplatte gespeichert hatten und dann das Passwort vergaßen. Glücklicherweise besaßen sie noch eine Kopie der Daten.

Aber die größte Erkenntnis, die er bei dieser Erfahrung gewonnen hat, war die Macht der Kooperation, sagt Frederik. »Ich habe mich dazu gebracht, meinen Egoismus zu überwinden und die Informationen mit anderen Reportern weltweit zu teilen. Noch ein paar Jahre früher hätte ich das nicht getan. Wenn man etwas loslässt, bekommt man letztendlich viel mehr zurück. Und durch die Zusammenarbeit im Team erreicht man so viel mehr.«

Sehr zum Ärger derjenigen, die etwas zu verbergen haben.

»Wenn man bekommt man mehr zurück.«

*etwas loslässt,
letztendlich viel*

Frederik Obermaier

Shami Chakrabarti: Jetzt alle zusammen

Glaubt man der Boulevardzeitung *The Sun*, dann treffe ich die »gefährlichste Frau Großbritanniens« auf einen Kaffee. Shami Chakrabarti, ehemalige Direktorin der Menschenrechtsorganisation »Liberty«, bekam diesen glorreichen Titel nach den Anschlägen vom 11. September, als sie durch ihr mutiges Eintreten für Bürgerrechte oder – aus Sicht der *Sun* – durch ihren Kuschelkurs mit Terroristen und Kriminellen große Aufmerksamkeit erlangte.

Shami hatte kein Problem damit. »Das war eine Ehre, besser als ein Orden von der Königin.« Ein genialer Streich des Schicksals wollte es, dass Shami dem Journalisten, der den Artikel damals geschrieben hatte, zu einem späteren Zeitpunkt zu Hilfe kam. Er war aus einer Radiosendung geflogen, weil er einen Tory-Ratsherrn, der Raucher als Pflegeeltern verhindern wollte, als Nazi bezeichnet hatte. Zu seiner Verteidigung berief er sich auf die Meinungsfreiheit, die ihm der Human Rights Act garantierte, den er in der Vergangenheit so mutwillig angegriffen hatte. Als Hüterin der Rechte aller Menschen unterstützte Shami auch ihn. Die damalige Situation illustriert sehr gut das Dilemma, das Shami nur zu gut kennt. »Wir alle möchten, dass unsere Menschenrechte respektiert werden, wir haben aber ein Problem mit den Rechten anderer Menschen.«

Leider war das Label »gefährlich« noch das kleinste verbale Übel, mit dem Shami sich in ihrem Job konfrontiert sah. Rassistische, sexistische und persönliche Beleidigungen gehörten zum Alltag. Aber sie beschwert sich nicht: »Anderswo auf der Welt müssen Menschen, die sich für Menschenrechte einsetzen, mit tätlichen Angriffen oder Schlimmerem rechnen. Wenn ich also damit klarkommen muss, dass Leute in der Zeitung oder den sozialen Medien gegen mich hetzen, dann kann ich damit leben.«

Dass ihr so viel Hass entgegenschlug, lag auch an dem Bereich, in dem sie arbeitete. Shamis Zeit bei »Liberty« war von den Terrorangriffen am 11. September und den darauf folgenden Reaktionen geprägt. »Ich habe am 10. September bei ›Liberty‹ angefangen. An meinem ersten Arbeitstag hieß es, dass ich mal ins Blaue hinein überlegen sollte, was unsere Prioritäten sein könnten. Dann kam der nächste Tag, und nichts war mehr blau.« Ihre Rolle brachte es mit sich, dass sie öffentlich die Grundprinzipien der Menschenrechte verteidigte, als der Rest der Welt sie plötzlich am liebsten ignoriert hätte. »In unserem Staat sind wirklich schlimme Dinge geschehen, nicht nur in Bezug auf Menschenrechte, auch im Hinblick auf unsere eigene Sicherheit: außerordentliche Überstellung von Gefangenen, unbegrenzte Inhaftierung ohne Gerichtsverfahren. Ich habe daher Dinge gesagt, die niemand sonst laut ausgesprochen hat und die viele Leute nicht hören wollten.« Damit war ihr der Zorn von Vertretern des Establishments und der Vierten Gewalt sicher.

Sie duckte sich kein einziges Mal, egal, wie unpopulär sie durch ihre Kampagne wurde. Vielmehr genoss sie den Kampf, griff neue Gesetzesvorschläge der Regierung an und zwang das System, sich zu rechtfertigen. Ich frage sie, woher sie die Widerstandskraft nimmt, um dem starken Gegenwind zu trotzen und sich den Mächtigen entgegenzustellen. Shami führt das auf verschiedene Faktoren zurück, vor allem aber auf ihre Eltern. »Ich bin die Tochter von Einwanderern. Beide hatten in Indien studiert, bevor sie nach England kamen, und haben mich in dem Glauben erzogen, dass ich alles machen kann. Ich ging auf die örtliche Gesamtschule und wusste zwar, dass die Jungs in Eton privilegiert und anders waren, aber ich habe nie geglaubt, dass sie besser sind als ich.«

Shami hat ein persönliches Motto, das diese Art zu denken auf den Punkt bringt: »Alle sind gleich, niemand ist überlegen.« Das Prinzip dient ihr als Richtschnur für Leben und Arbeit. »Es ist ein guter Weg, um mit den anderen Menschen auf der Welt klarzukommen.«

Vom Ziel einer Gesellschaft, in der alle gleich sind, sind wir ihrer Meinung nach noch immer weit entfernt. Sie verzweifelt, wenn sie hört, wie zunehmend abfällig über Flüchtlinge gesprochen wird. »›Flüchtling‹ ist eines der nobelsten Wörter überhaupt. Als ich in den 1970er-Jahren aufwuchs, liebten wir die Flüchtlinge, denn es handelte sich um Russen, die dem schrecklichen Ostblock entfliehen und unsere Lebensweise praktizieren wollten. Aber heute verstehen wir Flüchtlinge als ›anders‹, als ›minderwertig‹, als ein Problem.« Schlimmer noch ist ihrer Meinung nach die globale Situation von Frauen, die größte Ungleichheit überhaupt. »Je älter ich werde und je mehr ich sehe, desto größer wird meine Überzeugung, dass Diskriminierung aufgrund des Geschlechts die größte Menschenrechtsverletzung auf diesem Planeten ist. Das ist im wahrsten Sinne des Wortes Apartheid, nur dass es dabei nicht nur um ein Land geht, sondern seit Jahrtausenden weltweit praktiziert wird. Und das ist krank.«

Ihre Antwort auf Ungleichheit und die Verletzung von Grundrechten lautet Solidarität.

»Machtvolle Eliten auf der ganzen Welt nutzen immer das Prinzip ›Teile und herrsche‹, indem sie Angst und Rassismus instrumentalisieren. Aber Solidarität, eine einfache menschliche Verbindung, die wir alle untereinander aufbauen können, ist stärker. Das ist die Geheimwaffe für Veränderung. Wenn wir uns klarmachen, dass deine Menschenrechte die gleichen sind wie meine Menschenrechte, auch wenn wir unterschiedlich aussehen, und wenn wir uns gegenseitig unterstützen, dann profitieren wir alle davon und werden stärker. Letztlich geben wir uns alle gegenseitig Sicherheit.«

»*Machtvolle Eliten weltweit nutzen immer das Prinzip ›Teile und herrsche‹, indem sie Angst und Rassismus instrumentalisieren. Aber Solidarität, eine einfache menschliche Verbindung, die wir alle untereinander aufbauen können, ist stärker. Das ist die Geheimwaffe für Veränderung. Wenn wir uns klarmachen, dass deine Menschenrechte die gleichen sind wie meine Menschenrechte, auch wenn wir unterschiedlich aussehen, und wenn wir uns gegenseitig unterstützen, dann profitieren wir alle davon und werden stärker. Letztlich geben wir uns alle gegenseitig Sicherheit.*«

Shami Chakrabarti

Der wahre Ari Emanuel

In dieser Woche werden die Oscars verliehen, und Ari Emanuel, Hollywood-Superagent und Inspiration für die Figur Ari Gold in der TV-Serie *Entourage*, hat viel um die Ohren. So viel, dass sogar seine Assistentin eine Assistentin hat, die mir während der stressigsten Zeit des Jahres ein seltenes Treffen mit dem mächtigsten Mann in Hollywood ermöglicht. Es zählt also jede Minute.

Ich werde am Empfang abgeholt und zügig, fast im Joggingtempo, zum Büro gebracht. Gerade ging ein Meeting zu Ende, jetzt bin ich dran. Zwei Leute werden herausgeleitet, als man mich hineinführt, an der Tür gibt es einen kleinen Stau. Ari steht an einem brusthohen Schreibtisch, darunter befindet sich ein Laufband, damit er Sport treiben kann, während er arbeitet. Er sieht mich an, dann seine Assistentin und fragt völlig nachvollziehbar: »Also, wer zur Hölle ist dieser Typ?« So beginnt mein Gespräch mit Ari.

Wenn ihn das unhöflich klingen lässt, ist das ein Fehlschluss. Fokussiert – auf jeden Fall. Direkt – absolut. Aber nicht unhöflich. Es ist nur »eine beschissene Woche für mich, die Oscars und der ganze Kram, ALLE sind in der Stadt, und es ist SEHR viel los.« Er feuert schnelle, schlanke Redesalven ab, nur

Protein, kein Zucker. Er hat die unglaubliche Anziehungskraft von Dunkler Materie und bildet eindeutig das Gravitationszentrum des Raumes. Schon sein erster Satz zieht mich völlig in seinen Bann.

Ari will wissen, warum ich ihn in meinem Buch haben möchte. Ich erkläre, dass ich mich nur mit den Besten der Besten beschäftige und dass er nun mal der mächtigste und erfolgreichste Agent der Welt sei. Er hört sich meine Antwort an, überlegt eine Nanosekunde lang und sagt dann: »Stimmt, das bin ich.« Nach einer kurzen Pause fügt er hinzu: »Bescheidenheit lohnt sich für mich in dieser Branche nicht.«

Was lohnt sich denn dann in dieser Branche? Was ist das Erfolgsrezept?

»Ich habe darüber nachgedacht, und mein Ratschlag für den Erfolg ist: Sei neugierig, sei präsent, halte Kontakt. Lese, höre zu, rede, denke, finde heraus, wie Leute ticken, was sie machen. Und verfolge alles, was dir interessant erscheint.«

Er erzählt von einem Artikel, den er vor zehn Jahren gelesen hat. Darin ging es um eine neue Technologie, die ihn faszinierte und die wir heute als »Virtual Reality« kennen. Er griff zum Telefonhörer und rief den Mann aus dem Artikel an, lud ihn zum Mittagessen ein und stellte ihm eine Menge Fragen. Ari blieb mit ihm in Kontakt, schickte ihm ab und zu eine E-Mail, gelegentlich einen Artikel. Derselbe Typ rief ihn eines Tages an, als er auf dem Weg zu einem jungen Technik-Genie war, das er entdeckt hatte und fragte, ob Ari mitkommen wollte. »Es war zehn Uhr an einem Freitagabend. Ich lag im Bett. Es war eine beschissene Woche gewesen, ich hatte geschuftet, um alles am Laufen zu halten. Aber ich dachte mir, scheiß drauf. Ich stand auf, zog die Hose wieder an und fuhr eine Stunde, um den Burschen zu treffen. Beste Entscheidung meines Lebens. Er war großartig, ich entschied mich, ihn zu unterstützen, und seine Firma ist inzwischen extrem erfolgreich.«

Ich gebe zu bedenken, dass es einfacher ist, neugierig und präsent zu sein und Kontakt zu halten, wenn man bereits erfolgreich ist und wenn der eigene Name Türen öffnet. Mich interessiert, wie er es ganz zu Beginn angestellt hat, als ihn noch niemand kannte. »Ich habe einfach damit angefangen, die wichtigen Leute in der Agenturwelt anzurufen. Ich war ein Niemand, ein Pickel an ihrem Arsch, aber ich rief immer wieder an und stand unaufgefordert vor ihrer Tür. Irgendwann haben sie mich dann schließlich reingelassen.«

Man braucht schon ein dickes Fell, werfe ich ein, um in so einer Situation immer dranzubleiben. Er stimmt mir zu und erklärt überraschenderweise, dass ihm seine starke Legasthenie aus Kindertagen geholfen habe.

»Wenn du Legastheniker bist, hast du permanent das Gefühl zu versagen, nichts fällt dir leicht. Aber schließlich verlierst du die Angst davor, du verlierst dein Schamgefühl. Wen stört es dann noch, abgewiesen zu werden? Sie sagen Nein, was soll's, du rufst sie so lange an, bis sie Ja sagen.«

Als Legastheniker lernt man auch noch ein paar andere Dinge, sagt Ari. Es stärkt die emotionale Intelligenz: »Du kannst zwar vielleicht keine Bücher lesen, aber du wirst immer besser darin, Menschen zu lesen.« Und es fördert die Fähigkeit, ein Team zusammenzustellen, »weil du als Legastheniker nicht alles selbst machen kannst. Du brauchst Leute, die dir helfen.« In einer Branche, in der es typischerweise um das »Ich« geht, ist Ari dafür bekannt, dass er Wert auf das »Wir« legt. Seine Mitarbeiter scheinen absolut loyal zu sein, so wie er umgekehrt auch. Einer seiner Kollegen erzählt mir zum Beispiel, dass Ari nach den Terroranschlägen in Paris sofort in ein Flugzeug gestiegen und innerhalb von 24 Stunden dort gewesen sei, um zu sehen, wie es seinem französischen Team ging.

Neugier. Nicht aufgeben. Team. All diese Dinge sind essenziell für seinen Erfolg.

Eins seiner loyalen Teammitglieder nickt mir zu. Meine Zeit ist abgelaufen. Beim Hinausgehen werfe ich noch einen Blick zurück. Ich sehe wie Ari an den Schreibtisch geht und wieder aufs Laufband steigt. Wegen der Zeit, die er mir gewidmet hat, ist er jetzt noch beschäftigter als zuvor.

»*Sei neugierig, sei präsent, halte Kontakt. Lese, höre zu, rede, denke, finde heraus, wie Leute ticken, was sie machen. Und verfolge alles, was dir interessant erscheint.*«

Ari Emanuel

Martha Lane Fox, Gute Fee 2.0

Ich stehe im Büro einer hippen Londoner Digitalagentur, um Baronin Martha Lane Fox zu treffen, die First Lady des Internets. In der Firma wimmelt es von Leuten mit ironischen T-Shirts, trendigen Frisuren und Piercings, die Licht durch ihre Ohrläppchen lassen. Martha sitzt in der Kaffeeküche und sieht in ihrem schicken taubenblauen Hosenanzug wunderbar unangepasst aus. Sie weiß mehr über die digitale Welt als alle Hipster in London zusammen und braucht daher weder zerrissene T-Shirts noch Piercings, um sich zu beweisen.

Während unseres Gesprächs erfahre ich etwas über sie, das mich mehr als alles andere beeindruckt. Sie ist Mitgründerin von lastminute.com, dem Start-up, das die Dotcom-Ära entscheidend geprägt hat und das für eine astronomische Summe verkauft wurde. Aber darum geht es nicht. Es geht auch nicht um die Tatsache, dass sie die jüngste weibliche Repräsentantin im Oberhaus war, so bemerkenswert das auch sein mag. Oder dass sie nach dem Autounfall, bei dem sie fast ums Leben gekommen wäre, zwei Jahre an ein Krankenhausbett gefesselt war, während die Ärzte ihren völlig kaputten Körper wieder zusammenflickten. Inzwischen leitet sie »Doteveryone«, eine Wohltätigkeitsorganisation, die es sich zum Ziel gesetzt hat,

Großbritannien in digitaler Hinsicht zum modernsten Land der Welt zu machen. So bemerkenswert das alles auch ist, es gibt noch etwas anderes, das die Essenz dieser Frau auf den Punkt bringt – die Zahl ihrer Patenkinder: Sie hat neunzehn. Zwei mehr als Prinzessin Di.

Wenn man sie trifft, weiß man sofort warum. Sie hat eine starke Aura von Optimismus, Möglichkeiten und Potenzial. »Ich liebe es, Dinge aufzubauen, ich mag Ideen, und es ist toll, dass man immer jemanden unterstützen, Systeme und Dinge verbessern kann.« Und ihre Lebensphilosophie? »Das soll nicht verrückt klingen, aber du fühlst dich einfach viel besser, wenn du dir Großzügigkeit auf die Fahnen schreibst, als wenn du knauserig bist.« Ein großes Glück für ihre Patenkinder.

Ihr gegenüber haben sich die Menschen ironischerweise nicht immer von der besten Seite gezeigt. Als ihr Freund und Mitgründer Brent Hoberman lastminute.com an die Börse brachte und der Aktienkurs einbrach, bekam sie mehr als zweitausend Hass-Mails, »darunter Todesdrohungen und Beschimpfungen der übelsten Sorte«. Wirtschaftsjournalisten schrieben, dass sie sich wünschten, sie erschießen zu können, oder dass sie »in eine Burka gesteckt und in eine Kammer gesperrt« werden solle. Nicht übermäßig viel Großzügigkeit. Und interessanterweise bekam Martha das ganze Gift ab, nicht ihr männlicher Mitgründer.

Die Entwicklung von lastminute.com fasst die Geschichte des Internets der späten 1990er-Jahre im Zeitraffer zusammen. Sie waren ihrer Zeit weit voraus, als sie online gingen, existierte Google noch nicht einmal. Ursprünglich hießen sie LastMinute-Network.com, fanden es aber cooler, das dritte Wort wegzulassen. Es war schwierig, Geld aufzutreiben. Die Risikokapitalgeber meinten, dass Kunden nicht im Internet einkaufen würden, weil niemand seine Kreditkartendaten einer Website anvertrauen wolle. Heute erscheint das hoffnungslos naiv, aber Martha erklärt, dass das Internet damals ein anderes war. »Alles war so neu und aufregend, wir hatten wirklich das Gefühl, dass die ganze Welt sich jetzt verändern würde. Wir ahnten ja noch nicht, dass die großen Monopolisten wie Amazon, Google und Facebook explodieren und die Kontrolle über das Netz übernehmen würden.«

Der Glaube an die fundamentale Kraft des Internets, Dinge zu verändern, ist der Hauptantrieb für die Organisation »Doteveryone«, die den Zugang zum Internet demokratisieren und es für jeden verfügbar machen will. Martha mobilisiert die Regierung, Unternehmen, Schulen und Gemeinden, um dafür zu sorgen, dass alle die Fähigkeiten erlangen, um selbstbestimmt zu surfen: »Nichts gegen Facebook, aber das Internet ist mehr als das. Wenn du weißt, wie du das Web richtig benutzen kannst, dann hast du Zugang zu jeder Meinung, Information und allen Werkzeugen, die es gibt. Es kann uns allen helfen, Dinge zu verändern.«

Die Begeisterung dafür, sich und andere zu verbessern und die unendlichen Möglichkeiten sowohl online als auch offline wahrzunehmen, treibt sie an und schlägt sich auch in dem Ratschlag nieder, den sie mir gibt:

»Sei mutig. Natürlich kannst du den Karren richtig vor die Wand fahren, aber du kannst auch jede Menge erreichen. Also trau dich. Du hast nur deinen eigenen Ruf zu verlieren, und der ist nicht wichtig. Es ist viel besser, etwas scheinbar Unerreichbares anzustreben, das vielleicht

ein bisschen verrückt ist. Sei mutig, worum auch immer es geht. Auch wenn du irgendwo im Kundenservice arbeitest, frag dich, wie du mutig sein kannst. Finde die kleinen Mutmomente, die es immer und überall gibt.«

»Sei mutig. Natürlich kannst du den Karren richtig vor die Wand fahren, aber du kannst auch jede Menge erreichen. Also trau dich. Du hast nur deinen eigenen Ruf zu verlieren, und der ist nicht wichtig. Es ist viel besser, etwas scheinbar Unerreichbares anzustreben, das vielleicht ein bisschen verrückt ist. Sei mutig, worum auch immer es geht. Auch wenn du irgendwo im Kundenservice arbeitest, frag dich, wie du mutig sein kannst. Finde die kleinen Mutmomente, die es immer und überall gibt.«

MARTHA LANE FOX

Harry Belafonte, Kingsman

Ich unterhalte mich mit Harry Belafonte über US-Politik. Der neunundachtzig Jahre alte Sänger und Grammy-Gewinner ist ein Urgestein der amerikanischen Bürgerrechtsbewegung und war ein Vertrauter von Martin Luther King. Es ist ein großartiges Gespräch. Er ist unglaublich eloquent und sprüht vor Intelligenz und Lebenskraft. Letztere wird durch eine vitalisierende Mischung aus Wut über soziale Ungerechtigkeiten und seine Liebe für die guten Seiten des Landes befeuert.

Wir sprechen über die Vorwahlen der Republikaner, die derzeit in New York um uns herum toben. Über Donald Trump verliert er nur wenige Worte: »Das ist jemand, der offensichtlich vor Ignoranz und Arroganz strotzt. Man sollte sich nicht zu lange mit ihm abgeben«. Was ihm wirklich Sorgen mache, sei die große Anzahl von Menschen, die positiv auf Trumps Hassbotschaften reagierten. Harrys Meinung nach zeige das, wie sehr der amerikanische Traum verdorben worden sei.

Laut Harry ist Barack Obama dagegen einer der klügsten Präsidenten aller Zeiten. Doch in seinen acht Jahren im Amt musste er mehr Anfeindungen als jeder andere vor ihm ertragen. Und das habe nur »einen einzigen Grund. Weil er nicht weiß ist.«

Die beiden Phänomene – Trumps Beliebtheit und die Feindseligkeit, die Obama entgegenschlug – stützen Harrys Behauptung, dass Rassismus und Ungleichheit im heutigen Amerika, aber auch im Rest der Welt sehr lebendig sind und ungezügelt um sich greifen. Er macht nicht den Eindruck, als ob er sich zur Ruhe setzen würde, solange sich daran nichts geändert hat. Sein Engagement erstreckt sich vom Kampf gegen AIDS in Afrika bis zum Einsatz für die »Nuclear Age Peace Foundation«, wo er amerikanischen Studenten die Bedeutung gewaltfreien Protestes näherbringt.

In der Welt, in die Harry Belafonte hineingeboren wurde, gab es keinen politischen Aktivismus oder Starrummel. Er wuchs als Kind einer Arbeiterfamilie in Harlem auf, sein Weg auf die Bühne begann, als er einem Hausmeister in New York bei der Arbeit half. Ein Mieter, der keine Münzen hatte, gab ihm als Trinkgeld zwei Karten für das »American Negro Theater«. Als er das Stück sah, entflammte Harrys Begeisterung für diese Kunstform, und er beschloss, dass er Schauspieler werden würde. Er nahm Unterricht und begann, in einem New Yorker Nachtklub zu singen, um die Stunden zu finanzieren. Damit war er unverhofft sehr erfolgreich und begann eine Popkarriere, während der er unter anderem mit seinem »Banana Boat Song (Day-O)« die karibische Musik populär machte. Nach zahlreichen Alben mit vielen verschiedenen Musikstilen begann er dann eine ähnlich erfolgreiche Filmkarriere. Gar nicht so übel, was ein paar kostenlose Eintrittskarten bewirken können.

Wie viele bemerkenswerte Menschen behauptet er, dass sein Leben durch Zufälle geprägt worden sei, durch jene Ereignisse, die niemand von uns kontrollieren kann. Sein Rat ist, das Beste daraus zu machen. »Die stärksten Kräfte in meinem Leben waren der Zufall und die Offenheit, das anzunehmen, was die Menschen geben und verlangen. Auf diese Weise fanden einige Herausforderungen und Freuden den Weg in mein Leben, über die ich sonst nicht gestolpert wäre.« Er fasst das in seiner persönlichen Lebensphilosophie zusammen: »Es lohnt sich immer, auf das Klopfen an der Tür zu reagieren.«

Mit zunehmender Berühmtheit klopften immer mehr Leute an seine Tür, und einer davon erwies sich als der wichtigste Mensch von allen. Es war ein junger Pastor namens Martin Luther King, der Harry darum bat, ihm bei einer seiner Veranstaltungen zu helfen. »Dr. King wollte mich als Unterstützer für seine Mission, und auf einmal fand ich mich als Teil einer sozialen Bewegung wieder, die die politische Landkarte Amerikas und die globale Familie verändert hat.« Er wurde Dr. Kings Mentor und Unterstützer, er half Kings Familie, holte ihn aus dem Gefängnis, wenn er verhaftet worden war, finanzierte die »Freedom Rides« in die amerikanischen Südstaaten und organisierte den Marsch nach Washington. Beharrlich trägt er die Fackel der Bürgerrechtsbewegung weiter und kämpft gegen soziale Ungerechtigkeit. »Die Jungs haben mir noch einiges übrig gelassen, es gibt genug zu tun.«

Bedenkt man, wofür er gestanden und gekämpft hat und wofür seine Freunde gestorben sind, dann leuchtet sein Ratschlag sofort ein:

»Entdecke die Freude an der Verschiedenheit. Wenn die Menschen offener für das Fremde, das Ungewöhnliche, das Radikale, für das »Andere« werden, dann wird es der Menschheit besser gehen. Gegenwärtig wird uns

diese Sicht erschwert, Verschiedenheit wird als Quelle des Bösen betrachtet, nicht als Ursprung von Freude und Entwicklung. Wir müssen in unserer kollektiven Verschiedenheit wieder Vorteile sehen, ihr mit Freude und nicht mit Angst begegnen.«

Der wichtigste Ratschlag, den ich jemals gehört habe.

»Entdecke die Freude an der Verschiedenheit. Wenn die Menschen offener für das Fremde, das Ungewöhnliche, das Radikale, für das »Andere« werden, dann wird es der Menschheit besser gehen. Gegenwärtig wird uns diese Sicht erschwert, Verschiedenheit wird als Quelle des Bösen betrachtet, nicht als Ursprung von Freude und Entwicklung. Wir müssen in unserer kollektiven Verschiedenheit wieder Vorteile sehen, ihr mit Freude und nicht mit Angst begegnen.«

HARRY BELAFONTE

Sir David Attenborough, eine seltene Spezies

Ich höre ausschließlich Naturgeräusche. Die Luft ist von geheimnisvollem Gezwitscher und Gekreische erfüllt, von exotischem Pfeifen, Ticken und Klicken. Ein ghanaischer Langfingerfrosch, eine madagassische Wasserschildkröte und ein pakistanischer Schneeleopard huschen an mir vorbei. Dann erscheint ein Krieger aus Papua-Neuguinea, der einen traditionellen Kopfschmuck trägt. Unsere Blicke treffen sich. Er lächelt mich freundlich an, kommt auf mich zu und streckt die Hand zu einer traditionellen Begrüßung aus. Nicht schlecht für einen Dienstagabend in West London, denke ich.

Die Geräusche kommen zwar vom Band, und die Tiere sind lediglich Teil eines Films, aber der Krieger ist völlig echt und freut sich über seine erste Reise nach London und seinen ersten Gin Tonic. Wir sind bei den Whitley Awards for Nature, einer Art grüner Oscarverleihung für die aufstrebenden Stars der Naturschutzbranche. Das Ganze findet in der Royal Geographical Society statt, ein sehr passender Ort, wenn man die weit verstreut liegenden Herkunftsorte der Nominierten bedenkt, von denen jeder sein Leben dem Schutz einer bedrohten einheimischen Spezies widmet. Der Mann aus Ghana, der sich um den Schutz des Langfingerfrosches kümmert, hat sogar dessen

Brunftruf gelernt und gibt ihn zum Besten, als er den Preis entgegennimmt. Eine sehr eindrucksvolle Dankesrede.

Heute Abend geht es zwar darum, die Naturschützer und ihre Projekte zu feiern, die größte Anziehungskraft hat jedoch der Ehrengast. Denn es handelt sich um Sir David Attenborough, den berühmtesten Naturforscher der Welt. Passenderweise trägt er einen knitterigen Leinenanzug und sieht so aus, als sei er gerade von einer besonders exotischen Reise zurückgekommen, was natürlich auch der Fall ist. Er ist heute Abend hier, um die anderen Naturfreunde zu unterstützen, und möchte selbst nicht im Rampenlicht stehen. Wie die Helden seiner Naturdokus scheint er sich lieber im hohen Gras zu verstecken und hält sich bedeckt, er meidet die Bühne.

Wenn man sich unter vier Augen mit ihm unterhält, ist er der charismatischste und dabei zugleich bescheidenste Mann, den man sich vorstellen kann. Er nimmt sich jedes Jahr Zeit für die Preisverleihung und die Filme, die es zu jedem Naturschutzprojekt gibt, weil »Menschen mit lokaler Kompetenz und eigennützigem Denken« den besten Naturschutz betreiben und es »wichtiger denn je ist, Menschen zu unterstützen, die den Planeten schützen wollen«. Ganz offensichtlich ist der Raum voller Leute, die von Sir Davids Filmen inspiriert wurden, genau das zu tun.

Es ist ein globales Phänomen: Präsident Obama sagt, dass seine Faszination für die Natur von Sir David geweckt worden sei, als er ein kleiner Junge war. Er lud ihn ins Weiße Haus ein, um über Naturschutz zu sprechen, und erfüllte sich einen Kindheitstraum, als er den Häuptling von *Wildlife* persönlich kennenlernte.

Die zunehmenden Übergriffe auf unseren natürlichen Lebensraum und die immer größeren Forderungen, die wir an die

Umwelt stellen, sind laut Sir David während der 60 Jahre, in denen er Filme gedreht hat, immer schlimmer geworden. Er benennt die zugrunde liegende Ursache sehr deutlich: »Es gibt kein ernst zu nehmendes Problem für unseren Planeten, das sich nicht mit weniger Menschen leichter lösen ließe.«

Er betont außerdem, wie wichtig es ist, wirklich alles in unserer Umgebung wertzuschätzen: nicht nur die Natur, sondern auch die Kunst und unsere Mitbürger. Er plädiert dafür, uns mit großem Entdeckergeist an all den Schätzen des Lebens zu erfreuen und sie während unserer Reise ausgiebig zu genießen. Und dabei zu beherzigen, dass es »eine gute Strategie ist, mehr zu erschaffen, als zu konsumieren«.

Manchmal wirkt er wie ein verschmitzter Junge. Als ich ihn nach seinem Ratschlag frage, stellt er sich dumm und meint mit einem Augenzwinkern, dass er in seinem ganzen Leben noch nie etwas Kluges zu sagen gehabt hätte. Als ich noch einmal nachhake, spricht er wieder über das Wunder des Lebens auf der Erde, und das passt haargenau zu der grenzenlosen Faszination, die seine Filme von der ersten bis zur letzten Sekunde vermitteln:

»Ich habe noch nie ein Kind getroffen, das von der Natur, dem Tierreich und seinen Wundern nicht fasziniert gewesen wäre. Erst wenn wir älter werden, verlieren wir manchmal die Fähigkeit zu staunen. Ich glaube allerdings, dass wir alle besser dran wären, wenn wir uns das bewahren würden. Mein Ratschlag ist also, niemals mit dem Staunen aufzuhören und alles zu tun, damit die Magie der Natur lebendig bleibt.«

Niemand sorgt besser dafür als Sir David.

»Ich habe noch nie ein Kind getroffen, das von der Natur, dem Tierreich und seinen Wundern nicht fasziniert gewesen wäre. Erst wenn wir älter werden, verlieren wir manchmal die Fähigkeit zu staunen.

Ich glaube allerdings, dass wir alle besser dran wären, wenn wir uns das bewahren würden. Mein Ratschlag ist also, niemals mit dem Staunen aufzuhören und alles zu tun, damit die Magie der Natur lebendig bleibt.«

Sir David Attenborough

Auf einen Schwips mit Dame Judi Dench

Ich habe mich noch nie an einem schönen Sommermorgen so schlecht gefühlt. Es ist Freitag, der 24. Juni 2016, und Großbritannien hat soeben für den Austritt aus der Europäischen Union gestimmt. Ich war die ganze Nacht wach und habe zusammen mit dem Kampagnenteam, in dem ich mich in den letzten sechs Monaten engagiert habe, die Auszählung verfolgt. Ich bekam ein immer mulmigeres Gefühl, und mir wurde klar, dass unser Land beschlossen hat, Brücken zu zerstören und lieber Mauern zu bauen.

Mit diesen Gedanken im Kopf mache ich mich auf den Weg zu Dame Judi Dench, die im tiefgrünen Surrey wohnt. Unterwegs sehe ich unzählige Pro-Brexit-Poster, die mich daran erinnern, dass zumindest eine Hälfte des Landes heute Morgen glücklich sein wird. Judi Dench gehört nicht dazu.

Bei meiner Ankunft treffe ich sie in ihrem Garten an. Sie trägt weiß und sitzt in der Sonne an einem Tisch, der Beständigkeit ausstrahlt, mitten auf dem Rasen, beschützt von beruhigenden alten Bäumen und den bröckligen Mauern ihres wunderschönen Hauses. Sie fragt mich, wie es mir geht. Ich schaffe es, dreiundvierzig Jahre tief sitzender britischer Sozialisation beiseitezuschieben, und antworte ihr ehrlich, dass mich das, was passiert ist, unglaublich deprimiert. »Mich auch«, antwortet sie. »Es gibt keine Alternative, ich werde mich betrinken, *get stocious*.«

»*Stocious*?«, frage ich verwirrt, denn ich kenne das vornehm klingende Wort nicht. »Ja, *stocious*. Es ist ein alter irischer Ausdruck. Meine Mutter stammte aus Dublin. Es bedeutet betrunken sein, oder eher volltrunken.« Anscheinend lag ich mit dem vornehmen Klang etwas daneben.

Es ist unser erstes Treffen, aber die geteilte Trauer verbindet uns. Wir sitzen zusammen am Tisch und beklagen den Verlust von Identität und Toleranz, der sich unserer Meinung nach im Ausgang des Referendums widerspiegelt. Uns beiden geht es ähnlich schlecht, und wir suhlen uns eine Weile lang gemeinsam im Elend, bevor wir uns zusammenreißen und zurück ins Licht treten.

Ich verbringe drei Stunden mit Dame Judi. Sie ist genauso, wie man sie sich vorstellt: nachdenklich, offen, warmherzig, lustig, liebenswürdig, der personifizierte Trost. Während unserer Unterhaltung gehen wir von Eiskaffee zu Champagner über. Als ich wieder gehe, bin ich dennoch nicht volltrunken, und dank Judi fühle ich auch nicht mehr das Bedürfnis, diesen Zustand herbeiführen zu müssen.

Ich bin jedoch beschwipst von dem köstlichen Cocktail aus Ratschlägen, Anekdoten und Bekenntnissen, den sie serviert hat. Meine Lieblingsgeschichte war die von dem Theaterkritiker Charles Spencer, der vor acht Jahren eine schlechte Rezension über sie geschrieben hatte. »Er hat nicht nur meinen Auftritt kritisiert, sondern auch noch andere Sachen aufgezählt, die ich seiner Meinung nach falsch gemacht hätte. Das hat mich geärgert. Eines Nachts bin ich aufgewacht und beschloss, ihm zu schreiben, um die Sache aus dem Kopf zu bekommen.

Gesagt, getan. Ich schrieb: ›Lieber Charles Spencer, ich habe Sie früher ziemlich bewundert, inzwischen halte ich Sie für einen Idioten.‹ Diese Nachricht habe ich ihm dann geschickt.«

Wie bei allen guten Geschichten gibt es aber auch hier eine Fortsetzung. Zu Beginn des Jahres nahm Judi Dench an einer Preisverleihung in London teil. »Ein Mann tippte mich von hinten an und sagte: ›Ich heiße Charles Spencer und sehne mich nach Ihrer Vergebung.‹ Ich antwortete ihm: ›Dann müssen Sie mir die Füße küssen.‹ Und das tat er, er kniete sich hin und küsste meinen Schuh. Dann stand er wieder auf und seufzte: ›Ich bin so erleichtert.‹ Und ich erwiderte: ›Ich habe Ihnen nicht vergeben.‹ Dann ging ich weg.« Dramatische Pause. »Natürlich schrieb ich ihm am nächsten Tag: ›Ich vergebe Ihnen.‹ Aber es war eine große Genugtuung.«

Interessanterweise wollte sie eigentlich nie Gegenstand von Theaterrezensionen werden, sondern Bühnenbildnerin, und das lernte sie auch. »Aber mein älterer Bruder wollte immer schauspielern, und ich habe mich rasend schnell bei ihm angesteckt, wie mit Masern.« Es war ihr anderer Bruder, der sie dann mit Shakespeare in Berührung brachte. »Ich war sechs Jahre alt und ging ins Theater, um ihn Duncan in *Macbeth* spielen zu sehen, und er kam auf die Bühne und sagte: ›What bloody man is that?‹ Und da dachte ich: Das ist es, er hat diese unflätige Sprache benutzt, darf da oben stehen und kommt damit durch. Danach habe ich dieses Zitat dann sehr häufig benutzt, wohl wissend, dass man es mir durchgehen lassen würde.«

Als sie über Shakespeare spricht, passiert etwas Außergewöhnliches, mich beeindruckt es jedenfalls zutiefst. Dame Judi legt den Kopf in den Nacken und beginnt auf mitreißende

Weise zu rezitieren: »›Einmal, an einem windig-rauhen Tag, die Tiberflut biß wild in ihre Ufer, da sagte Cäsar mir ...‹« Vorübergehend ist sie am Ufer des Tiber und hat mich mitgenommen. Ich bekomme eine private Shakespeare-Aufführung von Judi Dench, während ich mit ihr Champagner trinke. Träum weiter, Charles Spencer.

Sie spricht über die Wichtigkeit von Leidenschaften. Ihre ist definitiv Shakespeare. Und so wie sie sie rüberbringt, mit jeder Pore förmlich atmet, würde diese Leidenschaft sicherlich auch auf Gegenseitigkeit beruhen, wenn der Dichter noch lebte. Als sie Schauspielerin wurde, wollte sie ausschließlich Shakespeare spielen. Ihre erste Rolle war die Ophelia am Old Vic Theater, damals heftig umstritten, weil es noch nie vorgekommen war, dass eine unbekannte Anfängerin eine Hauptrolle bekam. Aber sie zeigte es natürlich allen und tut das bis heute.

Es überrascht mich allerdings, dass sie sagt, sie sei heutzutage nervöser als damals. »Je mehr du weißt, desto unsicherer wirst du. Am Anfang kennst du die ganzen Fallstricke noch nicht. Aber ohne Nervosität würde ich mir Sorgen machen, sie erzeugt Energie, sie ist wie Benzin.«

Bei Theateraufführungen hat sie immer noch ein Gefühl von Nacktheit und Blöße. »Ich bin wie ein Frosch, den du im Biologieunterricht in der Schule zu sehen bekommst, in der Mitte aufgeschlitzt und aufgespannt, fertig zum Sezieren. Ich wünsche mir einfach nur, dass jemand in meiner Garderobe auftaucht, mich umarmt und für positive Gedanken sorgt. Stattdessen klopfen die Leute an, kommen rein und sagen Sachen wie: ›Die Fahrt von Gloucester hierher war fürchterlich.‹«

Ein kleines Beispiel für das, was sie eigentlich sagen möchte: dass das Leben besser ist, wenn man positiv bleibt.

»Wenn ich etwas weitergeben könnte, dann wäre es das: Mach dich um Himmels willen auf die Suche nach den guten Dingen im Leben. Negatives Denken macht alles kaputt. Wenn etwas Schlechtes passiert, klicke ich immer auf »Abbrechen« und dann auf »Weiter«, um wieder auf Kurs zu kommen. Es hat keinen Sinn, negativ zu sein, ich glaube nicht an Negativität.«

Nach einer kurzen Pause fügt sie hinzu:

»Außer beim Referendum.«

Darauf trinke ich.

»Wenn ich etwas weitergeben könnte, dann wäre es das: Mach dich um Himmels willen auf die Suche nach den guten Dingen im Leben. Negatives Denken macht alles kaputt.

Wenn etwas Schlechtes passiert, klicke ich immer auf »Abbrechen« und dann auf »Weiter«, um wieder auf Kurs zu kommen. Es hat keinen Sinn, negativ zu sein, ich glaube nicht an Negativität.«

JUDI DENCH

Kameradenhumor mit Korporal Andy Reid

»Sind die Familienjuwelen noch dran?« Das war Unteroffizier Andy Reids erste Frage, als er wieder das Bewusstsein erlangte, nachdem er auf eine Taliban-Sprengfalle getreten war. Sie hatte ihm beide Beine und einen Arm abgerissen, zehn Tage vor Ende seines Afghanistan-Einsatzes als Grenadier der Britischen Armee. Zur großen Freude von Andy, seiner zukünftigen Frau Claire und jetzt auch ihrem gemeinsamen Sohn William war die Antwort ein lautes Ja.

Die Geschichte erzählt er mir, als ich ihn in seiner Heimatstadt treffe. Er holt mich freundlicherweise vom Bahnhof ab und fährt mit seinem aufgemotzten Allradjeep vor. Getönte Scheiben, Spoiler, was man sich nur vorstellen kann. Das ist kein typisches Behindertenfahrzeug, und Andy ist kein typischer Fall.

Während er in der Küche geschickt einhändig Tee für uns macht, berichtet er, wie seine Eltern ihn zum ersten Mal im Krankenhaus besuchten, nachdem er aus Afghanistan ausgeflogen worden war. Als sie ihn im Bett liegen sahen, ohne Beine, mit nur einem Arm, der eingegipst war, wusste sein Vater nicht, was er machen sollte, und streichelte Andys Kopf. »Ich sagte: ›Ich bin kein verdammter Hund, Dad.‹ Dann mussten wir alle lachen und wussten, dass sich alles irgendwie fügen würde.«

Andy nennt es »Kameradenhumor«, die derben Scherze unter Soldaten, die die Stimmung heben und ein bisschen Normalität in Situationen bringen sollen, die oft alles andere als lustig sind. »Vier Wochen nach dem Unfall war ich bei der Parade zum Gedenken an den Ersten Weltkrieg, und es war sehr kalt. Da meinte ich zu den Jungs: ›Es ist scheißkalt, ich kann meine Zehen kaum noch fühlen.‹ Da mussten alle lachen, und das Eis war gebrochen.«

Andy möchte auf keinen Fall, dass man ihn mit Samthandschuhen anfasst oder bemitleidet. »Ich bin aus freien Stücken zur Armee gegangen und übernehme die Verantwortung für das, was mir widerfahren ist. Ich wusste, worauf ich mich einlasse. Das hat mir sehr geholfen, damit klarzukommen. Es bringt nichts, wenn du die Schuld immer anderen gibst, du wirst nur depressiv, wütend und verbittert.« Diese Einstellung, aus der Belastbarkeit und Entschlossenheit sprechen, macht Andy zu einem so vorbildlichen Soldaten.

Statt wütend zu sein, feiert Andy regelmäßig den Jahrestag der Explosion. Er nennt ihn den »Tag der Lebensfreude«. »Als ich im Krankenhaus wieder zu mir kam, wurde mir klar, dass ich kein Opfer bin, sondern ein Überlebender. Sechs Jungs aus meiner Kompanie sind durch eine Sprengfalle ums Leben gekommen. Ich konnte das Krankenhaus nach zwei Wochen wieder verlassen und zurück nach Hause, sie nicht.« Er müsse den anderen Soldaten, die weniger Glück hatten und nicht zurückgekommen sind, Respekt erweisen, indem er das Leben in vollen Zügen genieße, anstatt herumzusitzen und sich selbst zu bemitleiden, sagt er.

Er gibt anderen Menschen, die mit einer solchen lebensverändernden Herausforderung zu tun haben, den Rat, daran zu denken, dass »der Körper alles schafft, woran der Geist glaubt«. Jedes Jahr zum »Tag der Lebensfreude« nimmt er sich eine körperlich schwierige Aufgabe vor, um sich selbst zu beweisen, dass er es schaffen kann. Mit dieser Einstellung kletterte er bereits auf den höchsten Berg in Wales, lief ein Zehn-Kilometer-Rennen, radelte quer durch Großbritannien und machte zwei Fallschirmsprünge. Von all diesen Dingen würde man annehmen, dass sie für Andy nicht infrage kämen, aber er hat sie durch seine Willensstärke Realität werden lassen.

Durchhaltewille ist auch das Motto des riesigen Posters, das an seiner Küchenwand hängt. Es zeigt Winston Churchill und in großer Schrift eines seiner bekanntesten Zitate: »Wenn du durch die Hölle gehst, geh einfach weiter.« Andys Reise war sehr hart, das unterstreicht dieses Poster ein weiteres Mal. Er sagt, dass es ihm manchmal sehr zu schaffen mache, nicht in der Lage zu sein, mit seinem kleinen Sohn herumzurennen, und auch die Schmerzen sind ab und zu fürchterlich, aber Andy ist sehr entschlossen in seinem Antrieb, immer weiterzumachen. »Mein Kleiner hat schließlich nichts von einem Vater, der die ganze Zeit nur zu Hause Trübsal bläst, oder?«

Er spricht über sein neues Leben nach der Armee. Er ist ein viel beschäftigter Mann. Unter anderem ist er als Autor erfolgreich, ein Buch mit seiner Geschichte ist bereits erschienen, ein weiteres gerade in Vorbereitung. Er hat geheiratet und ein Café und eine Kneipe in seiner Heimatstadt eröffnet, als Redner ist er zum Thema Umgang mit Schicksalsschlägen sehr gefragt und verbringt viel Zeit mit seinem Sohn – das ist für ihn das Wichtigste und wäre nicht möglich, wenn er immer noch in der Armee dienen würde.

Dieses neue, erfolgreiche Leben bildet den Kontext für seinen Ratschlag:

»Es ist letztlich am wichtigsten, dass man nicht zurückschaut auf das, was passiert ist. Stattdessen sollte man nach vorne sehen und sich auf das konzentrieren, was möglich ist. Einfach weitermachen.«

Er ist das lebende Paradebeispiel für diese Philosophie.

Andys abschließende Bemerkung unterstreicht die Vorzüge seines Ansatzes auf höchst bemerkenswerte Weise. »Wenn mich morgen jemand fragen würde: ›Andy, möchtest du deine Beine und das Leben zurück, das du vorher hattest?‹, dann würde ich antworten: ›Nein, danke, ich bin jetzt glücklicher.‹«

*»Es ist letztlich am wichtigsten,
dass man nicht zurückschaut auf
das, was passiert ist. Stattdessen
sollte man nach vorne sehen
und sich auf das konzentrieren,
was möglich ist.
Einfach weitermachen.«*

ANDY REID

Friedensgespräche mit Patrisse Khan-Cullors

Patrisse Khan-Cullors ist alles Mögliche: Künstlerin, Gemeinwesenarbeiterin, Mutter, Freiheitskämpferin. Eines ist sie jedoch definitiv nicht – Terroristin. Auch wenn ein paar Verantwortliche diesen Eindruck gerne entstehen lassen würden.

Patrisse ist eine der Mitbegründerinnen der »Black Lives Matter«-Bewegung (»Schwarze Leben zählen«). BLM ist eine Friedensbewegung, die sich für Gewaltfreiheit einsetzt und niemandem Schaden zufügen will. Sie ist aus Liebe entstanden – vor allem auf Initiative schwarzer Frauen, die die Nase endgültig voll hatten und eine stählerne Entschlossenheit entwickelten, weil sie immer wieder mit angesehen hatten, wie ihre Familienmitglieder von der Polizei oder im Strafvollzugssystem unfair und oft gewalttätig behandelt worden waren. Die Bewegung stützt sich auf einige der gesellschaftlich marginalisiertesten Gruppen: Schwarze, Frauen, Homosexuelle, Arme. Sie möchten, dass die Gesellschaft die Wahrheit in ihrem Namen anerkennt. Wenn Black Lives Matter – wie mehrfach geschehen – als Terrororganisation bezeichnet wird, dann ist diese Darstellung schlicht falsch und genauso verzerrt wie Patrisses Charakterisierung als Terroristin.

Ich frage Patrisse, wie es sich anfühlt, so gesehen zu werden. Sie denkt einen Moment darüber nach. »Desorientierend«, ist ihre bedachte und maßvolle Antwort. »Es ist das völlige Gegenteil von mir, von dem Menschen, der ich wirklich bin.« Dann fügt sie mit dem Selbstbewusstsein einer Person, die das große Ganze versteht, hinzu: »Das ist natürlich Teil einer langen Tradition, in der schwarze Menschen als Terroristen bezeichnet wurden, wenn sie versuchten, gesellschaftliche Gleichheit durchzusetzen.« Sie weist darauf hin, dass Nelson Mandela bis 2008 als Terrorist auf der Liste des FBI stand (lange nachdem er den Friedensnobelpreis erhalten hatte).

Die Tatsache, dass sie es nicht nur einrichtet, mich morgens um sieben Uhr anzurufen, sondern dass sie das auch noch am Sonntag des Thanksgiving-Wochenendes tut, ist ein kleiner, aber sehr bezeichnender Hinweis auf das bedingungslose Engagement, das sie und ihre Mitstreiterinnen für die inzwischen globale Bewegung an den Tag legen, die sie ins Leben gerufen haben.

Während unseres Gesprächs beschreibt Patrisse kurz ihre Kindheit in Los Angeles. Ihre Geschichte verdeutlicht nicht nur den persönlichen Kontext ihrer Mission, sondern gewährt auch einen Einblick in die dystopische Parallelwelt einer schwarzen Kindheit in Armut, noch dazu in einer Gegend, in der die Regierung Krieg gegen den Drogenhandel führt. Es ist eine Welt, in der Opfer oft als Täter dargestellt werden und Personen, die eigentlich ihre Verteidigung übernehmen sollten, sich manchmal als Angreifer entpuppen.

Als Zwölfjährige erlebte sie einen traumatischen Vorfall, als sie in der Schule von der Polizei verhaftet und in Handschellen vor ihren Klassenkameraden wegen Verdachts auf Marihuanabesitz abgeführt wurde. Zwar hatte sie keins dabei, »aber die

Demütigung und Angst eines jungen Mädchens haben sich mir für immer bis ins Mark eingeschrieben«. Sie erlebte auch, wie ihr älterer Bruder – ein sanfter Mensch mit einer psychischen Krankheit – mehrfach für gewaltlose Straftaten ins Gefängnis kam. Dort war er psychischen und physischen Misshandlungen ausgesetzt und hatte keinen Zugang zu seinen Neuroleptika. Stattdessen kam er in Einzelhaft und wurde geschlagen.

Diese persönlichen Erfahrungen sind der Grund für ihr Engagement. Letztlich gab dann aber ein konkreter Vorfall den Anstoß zur Gründung von Black Lives Matter: der Tod von Trayvon Martin. Der schwarze siebzehnjährige Teenager war eines Nachts auf dem Nachhauseweg, er hatte eine Dose Arizona-Wassermelonendrink und eine Tüte Skittles dabei und telefonierte mit einem Freund, als er vom Mitglied einer Bürgerwehr erschossen wurde, der später freigesprochen werden sollte. Das brachte das Fass zum Überlaufen. Und es brachte Patrisse Cullors, nach den Tränen und der Wut, dazu, mit dem Organisieren zu beginnen.

Denn für Patrisse ist es entscheidend, sich zu organisieren. »Wenn du Veränderung bewirken willst, musst du dich organisieren. Dich zur Wahl stellen. Sitze gewinnen. Es geht nicht nur um Protest und Lobbyarbeit, sondern auch darum, Macht zu übernehmen.« Diese stolze, pragmatische und positive Aussage ist absolut typisch für Patrisses Haltung. »In meiner Geschichte geht es nicht nur um schwarzen Schmerz und Kampf, sondern auch um Hoffnung und darum, etwas zu bewegen.«

Dass Patrisse etwas bewegt, steht außer Frage. Die Initiative Black Lives Matter, die sie zusammen mit Alicia Garza und Opal Tometi gegründet hat, ist in kürzester Zeit zu einem internationalen Phänomen geworden, das überall in den Vereinigten

Staaten, aber auch weltweit Ortsgruppen hat. Ich möchte wissen, ob ihre Arbeit die Situation schwarzer Menschen verändert hat. Ist die Entwicklung positiv oder negativ? Ihre Antwort ist gewohnt scharfsichtig. »Beides. Es gibt hier keine Dichotomie. Gewinnen wir gerade? Nein. Es sind fürchterliche Zeiten. Das letzte Jahr war im Hinblick auf Todesfälle von Schwarzen, die von Polizisten getötet wurden, das schlimmste, was jemals dokumentiert wurde. Es ist jedoch motivierend zu sehen, dass die Menschen nicht untätig zusehen – Menschen aller Altersgruppen, Rassen, Geschlechter, sexueller Orientierungen und Ethnien riskieren ihr Leben, um dagegen zu kämpfen. Es gibt Hoffnung.«

Hoffnung ist die innere Energie, die jede positive Bewegung antreibt, und wenig überraschend plädiert Patrisse genau dafür: Hoffnung zu bewahren. »Es ist so einfach, sich entmutigen zu lassen, alles ist furchtbar und schrecklich, wir werden das nie schaffen. Aber das werden wir! Auch dies wird vorübergehen. Es wird nur ein winziger Moment in der Geschichte sein.«

Um sicherzustellen, dass dieser schreckliche Moment wirklich Geschichte wird, nutzt sie das System für sich, anstatt dagegen zu kämpfen – und das mit Erfolg. »Bei den letzten Kommunalwahlen wurden viele schwarze Frauen gewählt, einige der marginalisiertesten Menschen unserer Gesellschaft bekleiden nun ein Amt. Es geht also voran.«

Wir sprechen kurz über ein anderes soziales Phänomen, das seit Kurzem durch die Presse geht: Männer werden zur Rede gestellt, weil sie ihre Machtposition bei der Arbeit für unangemessenes sexuelles Verhalten ausgenutzt haben. Könnte das der Beginn des Niedergangs des weißen Patriarchats sein? »Es stimmt, dass wir gerade bei diesem Thema einen Moment der Klarheit erleben – Leute werden entlassen, Fernsehsendungen abgesetzt. Aber wenn wir uns nur der Individuen entledigen und nicht die Institutionen selbst verändern, dann wird bald wieder alles beim Alten sein.«

Ihre Antworten bringen es immer wieder sanft, nachdrücklich und geduldig auf den Punkt. Wir müssen das System gründlich überholen, und dazu braucht man Strukturen, macht Wahlkampf, wird gewählt, übernimmt ein Amt. So leistet man Widerstand: legal, friedlich und mit unverwüstlicher Zielstrebigkeit.

Welche Tipps hat sie für alle, die eine eigene Bewegung gründen wollen? »Mach das niemals alleine. Dafür ist es zu wichtig. Alleine erreichen wir gar nichts – wir gewinnen im Team. Also schließ dich mit anderen zusammen. Sei dir über deine Ziele im Klaren, und formuliere konkret, worum es dir geht. Baue die Führungsfähigkeit von Menschen auf und unterstütze diejenigen, die für Dinge einstehen. Und wenn du gewonnen hast, frag dich, was als Nächstes kommt. Es ist ein langer Kampf, und er ist nie wirklich vorbei.«

Ihr bester Ratschlag, um den Kampf zu gewinnen?

»Mein wichtigster Rat ist, gesund zu bleiben. Es ist so einfach, sich von den Problemen, die dieses Land plagen, auffressen zu lassen. Das kann einen ungeheuren Einfluss auf dich haben. Menschen, die sich für den Kampf engagieren, verlieren ihre Gesundheit, ihren Kopf, ihr Leben. Was auch immer du dafür tun musst, um gesund zu bleiben: Such dir einen Therapeuten, iss vernünftig, treib Sport. Du musst stark und gesund bleiben, um weiter kämpfen zu können.«

Und das ist es, was zählt.

»*Bleib gesund …
und gesund
weiter kämpfen*

Du musst stark bleiben, um zu können.«

Patrisse Khan-Cullors

Sir Richard Branson, Inselbewohner

Ich traf Sir Richard Branson zum ersten Mal in Oxfordshire, wo er auf den Feldern neben seinem Haus eine Party für die Mitarbeiter von Virgin Atlantic gab, die die Größe eines Festivals hatte. Ganz anders als der Große Gatsby wartete er am Eingang und begrüßte jeden persönlich, alle 15.000 Gäste. Mehr als vier Stunden schüttelte er Hände, küsste Wangen, hieß alle willkommen – die Verkörperung eines seiner Management-Prinzipien: Wenn du dich um die Leute kümmerst, kümmern sie sich auch um dich.

Mittlerweile träumen die Virgin-Mitarbeiter davon, den Chef an seinem offiziellen Wohnsitz auf der Privatinsel Necker zu treffen, die sich ins türkisfarbene Wasser der Karibik schmiegt. Jedes Jahr werden ein paar Glückspilze hierhin eingeladen. Ein deutlich attraktiverer Ansporn als kostenloser Tee und Kaffee.

Ich bin für eine Woche auf der Insel, nicht als Mitarbeiter, sondern als (sehr dankbarer) Freund der Familie. Vermutlich war derjenige, der den Satz ›Der Weg ist das Ziel‹ geprägt hat, noch nicht auf Necker. Bereits die Reise hierher ist atemberaubend. Man fliegt mit einem Propellerflugzeug zu einer Landepiste in der Nähe und geht dann an Bord eines Schnellbootes, wo man von der freundlichen Besatzung begrüßt wird. Es ist laut, und man nippt an einem kühlen Getränk, während man über azurblaues Wasser fliegt. Ab und zu erhascht man einen Blick auf andere Inseln, bis man das Ende des Archipels und damit Necker erreicht.

Wenn man die Insel erblickt, weiß man, warum Gott Necker bis zum Schluss aufgehoben hat: zwei perfekte Halbmonde mit jungfräulich weißem, von Palmen gesäumtem Strand, der beiderseits einer grünen Landzunge ausläuft, auf der stolz und völlig selbstverständlich das Haupthaus thront. Auf die Whirlpools aus gefärbtem Naturstein direkt am Strand und die beruhigenden Infinity Pools, die das stille Meer überblicken, kann man sich vielleicht online mit Fotos vorbereiten. Was man aber nicht erwartet, ist die überwältigende Schönheit der Tierwelt: Die Luft ist voller glänzender Paradiesvögel, man hört die kreischenden Paarungsschreie der Lemuren, und an einer Lagune kann man dreihundert pinke Flamingos bewundern. Ich sage das als sehr kritischer Mensch, der nur schwer zufriedenzustellen ist: Dieser Ort ist einfach perfekt. Hier würde Gott Urlaub machen.

Man hat außerdem Gelegenheit, hautnah einen der weltweit wichtigsten Unternehmer in seiner natürlichen Umgebung zu beobachten. Außer der Großzügigkeit und Freundlichkeit dieses für einen Wirtschaftsmagnaten höchst ungewöhnlichen Mannes fällt seine große Hingabe auf, das Leben in vollen Zügen zu genießen. Jede Stunde ist wertvoll, ein einmaliges Geschenk, das man auskosten muss.

Falls Sie mir nicht glauben – so sieht sein typischer Tag auf Necker aus:

6.00 Tennis mit einer heißen Tennistrainerin aus Miami
8.00 Yoga auf der Terrasse mit einem ortsansässigen Lehrer
8.30 Frühstück mit Ehefrau, Kindern, Enkeln und Freunden
9.00 Kitesurfen mit Sohn und Schwiegersohn um die andere Insel, die ihm gehört (er hat auch noch die Insel gekauft, die Necker direkt gegenüberliegt, denn man kann nie genug Inseln haben)
10.00 Bürozeit mit seinem persönlichen Assistenten und Zeit für Korrespondenz, um die zahllosen wirtschaftlichen und gemeinnützigen Virgin-Initiativen auf der ganzen Welt zu unterstützen
13.00 Fahrt über die Seilbrücke vom Haupthaus zum Grillen am Strand mit Familie und Freunden
14.00 Schach am Pool mit jemandem, der sich traut (Sieger: Branson, R.)
15.00 Mit dem Golfwagen zurück zum Haupthaus, um zu arbeiten
16.00 Zweite Tenniseinheit mit der heißen Trainerin
17.30 Lemuren füttern
18.00 Necker-Tennisturnier mit anderen Gästen (Sieger: Branson, R.)
20.00 Abendessen am Pool
21.00 Party im Haupthaus

Bei alldem ist er in Flipflops unterwegs und sprüht vor ansteckendem Enthusiasmus. Er wirkt, als ob er morgens aufwache und sich zu seiner großen Überraschung und Freude in diesem grandiosen Paradies wiederfindet, wobei er anscheinend vergisst, dass er selbst derjenige ist, der es in den letzten dreißig Jahren aufgebaut hat.

Während dieser Zeit hat er außerdem die Wirtschaftswelt revolutioniert. Bevor Branson auftauchte, war ein Unternehmer in Großbritannien laut gängigem Stereotyp ein gewiefter und skrupelloser Typ, der hinter den Kulissen seine schmutzigen Geschäfte machte. Mit Branson änderte sich das. Er schaffte es, dass Unternehmertum auf einmal für Sex-Appeal, Coolness und Spaß stand. Und am allerwichtigsten: möglich wurde. Mit dem Erfolg und seinem Lebens- und Geschäftsstil weckt er die Ambitionen anderer Unternehmer und gibt ihnen die Lizenz zum Träumen.

Ich treffe Richard an einer der Strandbars. Zu seinen Füßen liegt das Kitesurfing-Brett, mit dem er hergekommen ist. Er unterhält sich mit der Frau hinter der Bar, die die Drinks macht. Sie sagt, dass sie zurück nach England gehe, sich aber Sorgen mache, weil sie dort noch keinen Job habe. Also macht er ein paar Anrufe und bietet ihr an, bei der Arbeitssuche behilflich zu sein. Das erinnert mich daran, wie ich einmal zusammen mit Richard in der Jury eines Wettbewerbs für junge Unternehmer saß. Während wir darüber diskutierten, wer gewinnen sollte, sorgte er dafür, dass zusätzliche Mittel aufgetrieben wurden, damit alle etwas bekamen. Der Mann ist unbarmherzig hilfsbereit. Die Antwort ist immer positiv. Sein inoffizieller Titel im Unternehmen ist »der Mann fürs Ja«. Seine berühmteste Aussage lautet: »Scheiß drauf, los geht's!«

Als ich ihn nach seinem Ratschlag frage, geht es jedoch nicht so sehr um die Arbeit oder das Geschäft, sondern um das Leben und wie man es verbringen sollte. Vielleicht ist es der paradiesische Ort, an dem wir uns befinden. Oder es ist umgekehrt, und wir sind auf dieser Insel der irdischen Genüsse, weil er stets seinen eigenen Ratschlag befolgt:

»Die Leute reden von Arbeit und Freizeit, als ob es völlig verschiedene Dinge wären, als ob das eine existierte, um das andere zu kompensieren. Aber all das gehört zum Leben, all das ist kostbar. Verschwende das Leben nicht, um etwas zu tun, das du nicht tun willst. Und verbringe es mit den Menschen, die du liebst.«

Während er das sagt, sehe ich in der Ferne, wie seine Familie, Freunde und Assistenten die Seilbahn von der Landzunge nehmen, um sich mit ihm am Privatstrand zum Mittagessen in der Sonne zu treffen. Und zum hundertsten Mal denke ich mir: Dieser Mann weiß einfach, wie man lebt.

»Die Leute reden von Arbeit und Freizeit, als ob es völlig verschiedene Dinge wären, als ob das eine existierte, um das andere zu kompensieren.

Aber all das gehört zum Leben, all das ist kostbar. Verschwende das Leben nicht, um etwas zu tun, das du nicht tun willst. Und verbringe es mit den Menschen, die du liebst.«

RICHARD BRANSON

Katie Piper, Supermodel mit Vorbildfunktion

An einem sonnigen Nachmittag sitze ich in einer schicken Londoner Bar und trinke Gin Tonics mit Katie Piper, ihres Zeichens bildhübsches Model, Fernsehmoderatorin, Philanthropin und Bestsellerautorin. Das Leben ist schon hart.

Während wir unsere Drinks genießen, erfahre ich viele bemerkenswerte Dinge über meine Gesprächspartnerin: dass sie vielen Tausend Menschen mit ihrer Stiftung geholfen hat, als Autorin sehr produktiv ist – in nur acht Jahren hat sie fünf Bücher geschrieben – und dass sie es schafft, die vielen beruflichen Pflichten mit den Herausforderungen als Mutter unter einen Hut zu bringen. Das Bemerkenswerteste ist allerdings ihre Lebenseinstellung nach den Erfahrungen vor acht Jahren, als sie von ihrem Ex-Freund vergewaltigt wurde und später Schwefelsäure ins Gesicht geschüttet bekam.

Der Angriff sollte offensichtlich so viel physischen Schaden wie nur möglich anrichten und war in der Hinsicht schrecklich erfolgreich. Als sie nach zwölf Tagen aus dem künstlichen Koma erwachte, beschrieb der Arzt ihr die Situation folgendermaßen: Sie sind auf beiden Augen blind, haben kein Gesicht mehr, das Atmen bereitet Ihnen Schwierigkeiten, weil Sie Ihre

Speiseröhre verschluckt haben, und die Polizei ist hier, um Sie zu filmen, falls Sie nicht bis zur Gerichtsverhandlung überleben.

Katies erste Reaktion war einfach und verständlich: »Ich dachte mir: ›Ich tue alles, um entlassen zu werden, gehe ruhig nach Hause und nehme mir das Leben.‹« Die folgenden Wochen vergingen langsam: Sie war bettlägerig und bewegungsunfähig, hatte Schmerzen und plante im Stillen ihren Selbstmord, während eine Krankenschwester rund um die Uhr an ihrer Seite saß. Sie erinnert sich, dass eines Nachts, als sie darüber nachdachte, wie sie es anstellen sollte, »etwas in mir sagte: ›Bring dich nicht um. Ich kann dir nicht sagen, warum, aber es gibt einen tieferen Sinn. Du musst am Leben bleiben.‹« Sie habe damals die wichtigste Entscheidung ihres Lebens getroffen, sagt sie: Katie beschloss, dass sie eine Überlebende war und kein Opfer.

Dieser Gedanke festigte sich, als sie aus dem Krankenhaus entlassen wurde. Sie lobt die großartige Betreuung, die sie von Krankenschwestern und Ärzten erhielt, aber als sie anfingen, über Invalidenrente und Sozialwohnungen zu sprechen, merkte sie, wie wenig man ihr zutraute. »Niemand sagte, dass eine entstellte Frau immer noch heiraten und Kinder haben, dass sie sexy sein, Firmenchefin, Pionierin oder führende Modedesignerin werden könne. Ich beschloss daher, mich mitten ins Leben zu werfen und nach allem zu greifen, was ich wollte. Die Erwartungen der anderen waren ohnehin niedrig.«

Ein Teil des Rezepts für ihr neues Leben war die Akzeptanz dessen, was passiert war. »Ich werde nie wieder so wie mein altes Ich oder Cindy Crawford aussehen, aber vielleicht kann ich meine eigene Schönheit finden.« Ein anderer Aspekt war pure

Widerstandskraft. »Große Leistungen wurden in der Geschichte oft von Menschen erbracht, denen man gesagt hatte, dass es keine Hoffnung mehr gäbe, die aber trotzdem einfach weitergemacht haben. Das hat mich inspiriert.« Und natürlich gehört auch eine ordentliche Portion Mut dazu, wenn man mehr als vierzig Operationen und Hauttransplantationen über sich ergehen lässt, dreiundzwanzig Stunden am Tag eine Maske trägt und sich schließlich zum ersten Mal wieder in die Öffentlichkeit begibt. »Anfangs wollte ich nicht aus dem Haus gehen, ich litt an schweren Ängsten, es war eine dunkle Phase. Aber dann kam der Moment, als ich ein Jahr lang im Schlafanzug *Frauenzimmer* geguckt hatte und einfach wieder vor die Tür musste.«

Als alleinstehende Frau, die heiraten und eine Familie gründen wollte, galt es dann auch, die Dating-Welt zu erobern. »Ich lebte in einer Zweizimmerwohnung in Chiswick, trug eine Gesichtsmaske aus Plastik und versuchte, jemanden dazu zu bringen, mir zu antworten. Ich dachte mir, auch mit meiner ganzen positiven Einstellung dürfte das ziemlich schwierig werden. Niemand würde mich toll finden.« Aber sie wollte der Behinderung nicht erlauben, ihr bei dem, was sie am meisten wollte – Mutter werden –, einen Strich durch die Rechnung zu machen. »Ich fing an, Geld beiseitezulegen, um meine Eizellen einfrieren zu lassen, und informierte mich, wie man ein Kind adoptiert. Denn ich würde mich nicht davon abhalten lassen, Mutter zu werden.« Dann ging sie doch wieder zu Dates und lernte schließlich jemanden kennen, verliebte sich, heiratete und bekam ein Kind. Die glamourösen Berichte im *Hello!*-Magazin zeugen davon.

Die Leute nehmen normalerweise an, dass Behinderungen eine Benachteiligung darstellen, aber Katie war nicht bereit, das zu akzeptieren. »Alle dachten, mein Leben sei vorüber. Ich nicht. Theoretisch müsste ich weniger Möglichkeiten haben und unglücklich sein. Wahrscheinlich auch klinisch-depressiv und alkoholabhängig. Aber ich war noch nie positiver eingestellt und habe auch noch nie so viele positive, erfolgreiche Menschen angezogen.«

Die automatischen Annahmen trafen in ihrem Fall also nicht zu. Sie hat geheiratet und ein Kind bekommen, arbeitet wieder als Model, hat eine Stiftung gegründet und Tausenden von anderen Verbrennungsopfern geholfen – all das und noch viel mehr. Die Erkenntnisse, die sie durch die Erfahrungen der letzten acht Jahre gewonnen hat, fließen auch in ihren Ratschlag ein:

»Das Ganze hat mir gezeigt, dass es die Hürden, die wir vor uns aufbauen, in Wirklichkeit gar nicht gibt. Hindernisse existieren nur in unseren Köpfen. Wir erschaffen sie, wir füttern sie, und wir entscheiden, sie am Leben zu erhalten. Wir können also auch beschließen, sie zu durchbrechen. Vertrauen und Zufriedenheit sind keine Glückssache, es sind die Entscheidungen, die du triffst und die harte Arbeit und Hingabe erfordern, und den Glauben, dass du es wirklich verdienst. Es gibt keine Hindernisse, die dich davon abhalten, das zu erreichen. Wenn du, warum auch immer, irgendwann mal verzweifelt bist, dann denke daran, dass Gott uns nicht mehr zumutet, als wir tragen können.«

»*Das Ganze hat mir gezeigt, dass es die Hürden, die wir vor uns aufbauen, in Wirklichkeit gar nicht gibt. Hindernisse existieren nur in unseren Köpfen. Wir erschaffen sie, wir füttern sie, und wir entscheiden, sie am Leben zu erhalten. Wir können also auch beschließen, sie zu durchbrechen. Vertrauen und Zufriedenheit sind keine Glückssache, jeder kann das schaffen, es sind die Entscheidungen, die du triffst und die harte Arbeit und Hingabe erfordern, und den Glauben, dass du es wirklich verdienst. Es gibt keine Hindernisse, die dich davon abhalten, das zu erreichen. Wenn du, warum auch immer, irgendwann mal verzweifelt bist, dann denke daran, dass Gott uns nicht mehr zumutet, als wir tragen können.*«

KATIE PIPER

Mike Bloomberg, New Yorks bestes Stück

Besondere Menschen zeichnen sich oft dadurch aus, dass sie ihre Erfolge in einem speziellen Bereich anschließend auch in einem völlig anderen wiederholen.

Mike Bloomberg ist das Paradebeispiel dafür.

Als er in seinen Dreißigern war, hat er mit seiner Firma Bloomberg ganz unten angefangen und sie zu einem globalen Medienunternehmen ausgebaut, wodurch er schließlich Platz vierzehn auf der Liste der weltweit reichsten Menschen erreichte. Kein schlechtes Ergebnis. Dann wandte er sich der Politik zu und wurde der erfolgreichste Bürgermeister aller Zeiten, der die Hauptstadt der Welt – New York City – für beispiellose drei Amtszeiten regierte.

Trifft man ihn persönlich, stellt man schnell fest, dass er die leibhaftige Verkörperung der Stadt ist, die er regiert hat: schroff, geschäftig, nicht sehr schlafbedürftig.

Man sagt ihm nach, dass er sehr schnell redet. Und das tut er. Er ist jemand, der gerne etwas als erledigt abhakt, und zwar möglichst bald. Als Bürgermeister verpflichtete er die Stadt dazu, ihre Treibhausgasemissionen bis 2030 um dreißig Prozent zu reduzieren, neunzehn Prozent hat er in den ersten sechs Jahren geschafft. Er hat ein Projekt angestoßen, bei dem bis

2017 in New York eine Million neuer Bäume gepflanzt werden sollten: Dieses Ziel war 2015 erreicht.

So wie die Stadt erfindet auch er sich ständig neu. Ursprünglich war er Parteimitglied der Demokraten, zur Wahl des Bürgermeisters trat er dann wiederum für die Republikaner an und finanzierte die Kampagne selbst, sodass er niemandem etwas schuldig war. Er befürwortete Abtreibung, schärfere Waffengesetze und ein neues liberaleres Einwanderungsgesetz. Nicht gerade klassische Positionen der Republikanischen Partei. Für die dritte Amtszeit als Bürgermeister von New York – eigentlich war das gar nicht möglich, aber der Stadtrat stimmte für eine Änderung der Regeln, die es ihm erlaubte – trat er als unabhängiger Kandidat an und gewann.

Nach der politischen Karriere entdeckte er seine philanthropische Ader und spendete mehr als 1,8 Milliarden Dollar an über 850 Wohltätigkeitsorganisationen. Ein Selfmademan, der fest daran glaubt, dass es wichtig ist, anderen zu helfen. Darum unterstützte er die verschiedensten Projekte – vom Bau neuer Krankenhäuser über den Kampf gegen den Klimawandel bis hin zur Bildungsförderung.

Kurz gesagt, der Mann macht immer weiter.

Was ist sein bester Rat für ein so erfülltes, erfolgreiches und geschäftiges Leben?

»Um etwas zu erreichen, musst du hart arbeiten. Also solltest du etwas tun, das du liebst. Wer will schon jeden Tag etwas machen müssen, was er nicht leiden kann? Am wichtigsten ist es aber, dass du dich tatsächlich aufraffst und es auch wirklich tust. Es gibt immer jemanden, der kann, was du kannst, also musst du es zuerst tun, bevor

ein anderer es macht. Steh jeden Morgen früh auf und mach dich ans Werk.«

Der Bürgermeister der Stadt, die niemals schläft, empfiehlt uns also: »Wacht auf!«

»Um etwas zu erreichen, musst du hart arbeiten. Also solltest du etwas tun, das du liebst. Wer will schon jeden Tag etwas machen müssen, was er nicht leiden kann? Am wichtigsten ist es aber, dass du dich tatsächlich aufraffst und es auch wirklich tust.

Es gibt immer jemanden, der kann, was du kannst, also musst du es zuerst tun, bevor ein anderer es macht. Steh jeden Morgen früh auf und mach dich ans Werk.«

Mike Bloomberg

Die unkonventionelle Diana Athill

Ich bin in einem Seniorenheim im Londoner Norden, das sich in einem großen alten Backsteingebäude in einer ruhigen Seitenstraße von Highgate befindet. Die Flure strahlen Ruhe und Gemütlichkeit aus, und während ich sie zögernd entlanggehe, frage ich mich, hinter welcher Tür wohl die Dame wohnt, die ich besuchen möchte. Ich bin mit der siebenundneunzig Jahre alten Diana Athill verabredet, die während ihrer mehr als fünfzigjährigen Karriere als Londons bedeutendste Verlegerin galt. Sie gab die wichtigsten Autoren von Jack Kerouac bis Philip Roth heraus und wurde zuletzt, mittlerweile in ihren Neunzigern, selbst als Autorin vielfach ausgezeichnet. Heute gibt sie mir außerdem einen bemerkenswerten Ratschlag in Sachen Beziehungen.

Damit ich keinen Skandal verursache und unangekündigt in das Schlafzimmer einer alten Dame stolpere, suche ich eine Mitarbeiterin, die mich zu Dianas bescheidenen vier Wänden bringt. Schon bei ihren ersten Worten merke ich, dass ich es mit jemandem zu tun habe, der kein gewöhnliches Leben gelebt hat – und der keine gewöhnlichen Dinge zu sagen hat. Sie spricht als erstes über Sex und Untreue, nicht unbedingt das, was man erwartet, wenn man vornehme ältere Damen in

Seniorenheimen besucht. Ich lehne mich in meinem Sessel zurück. Das wird eine großartige Unterhaltung. »Wenn du verheiratet bist, kannst du doch von niemandem verlangen, dass er das ganze Leben lang absolut treu ist. Wenn du das glaubst, bist du verrückt. Ich würde niemanden wollen, der alles vögelt, was ihm in die Quere kommt, aber Seitensprünge passieren, und es ist albern, eine Ehe deswegen kaputtgehen zu lassen.«

Auch wenn nicht jeder dieser radikalen Ansicht zustimmen würde, bleibt unbestritten, dass Diana ihrer eigenen Maxime gefolgt ist. Die längste Beziehung führte sie mit dem jamaikanischen Theaterdramatiker Barry Reckord. Sie lernten sich kennen, als sie in ihren Vierzigern waren. Nach acht Jahren mit Diana fing er eine Affäre mit einer Frau vom Theater an. Als Diana merkte, dass es etwas Ernstes war, schlug sie vor, dass die Geliebte bei ihnen einziehen solle. Die drei lebten viele Jahre lang sehr freundschaftlich zusammen. Das mag für manche nicht besonders romantisch klingen, aber es ist eine Geschichte mit einem glücklichen, wenn auch unkonventionellen Ende: Die besagte Frau ist bis heute Dianas beste Freundin.

Diana warnt vor Romantik, wenn man eine Beziehung eingeht. Sie meint, dass Menschen, die Romantik suchen, einfach einen besonderen Kick wollen. Sie wollen leidenschaftliche Verliebtheit und wählen dementsprechend ihre Partner, aber das Gefühl hat nie Bestand. Und damit riskieren sie »eine dieser fürchterlichen Ehen, die man überall sieht, Männer und Frauen, die sich im Restaurant gegenübersitzen und kein Wort miteinander sprechen«. Für eine Frau des Wortes ist die Vorstellung, einem Partner nichts zu sagen zu haben, die schlimmste Strafe überhaupt. Stattdessen sollte man sich einen Partner suchen, mit dem man über alles reden kann und mit dem man viele Gemeinsamkeiten teilt, der interessant ist und dem dieselben Sachen wichtig sind. »Wenn du feststellst, dass es kein besonders romantisches, aber ein sehr, sehr angenehmes Gefühl ist, dann ist es die bessere Wahl für eine längerfristige Beziehung.«

Je länger ich zuhöre, desto mehr verstehe ich, worum es ihr geht. Die Leute denken normalerweise, dass eine Person in der Lage sein sollte, alle Bedürfnisse zu befriedigen – Freundschaft, Intimität, Leidenschaft. Aber die Person, die sich als bester Gefährte bewährt, ist vielleicht nicht der beste Liebhaber. In dem Fall ist es für Diana kein Problem, wenn man für ein bisschen Extra-Spannung andere Sexpartner hat. »Mit zunehmendem Alter suchte ich den Kitzel immer wieder bei einem anderen Mann. Es war ein nettes Treffen einmal die Woche, um mich ein bisschen in Wallung zu bringen. Aber es war auf keinen Fall eine romantische Affäre, und ich hätte nicht mit ihm verheiratet sein wollen. Ich mochte ihn, er war ein netter Kerl, aber es war nur Sex.«

Das sind sehr moderne Ansichten. Die Tatsache, dass sie von einer Dame in ihren späten Neunzigern vorgebracht werden, die in einer viel strengeren Ära aufwuchs, machen sie noch bemerkenswerter und zeigen, wie unkonventionell Diana wirklich ist. Ihr Ratschlag passt absolut dazu.

»Sei nicht besitzergreifend. Das ist sehr gefährlich, besonders im Hinblick auf Sex. Sehr viele Menschen denken, dass es unanständig sei, wenn man nach der Hochzeit nicht besitzergreifend werde. Das ist meiner Meinung nach verhängnisvoll. Geh nicht deiner Leidenschaft in die Falle, indem du versuchst, die andere Person völlig

zu kontrollieren. Der Trick ist, sie zu lieben, nicht zu besitzen.«

Basierend auf ihrer lebenslangen Erfahrung fügt sie hinzu: »Und bei Untreue hilft normalerweise Vergebung.«

»Sei nicht besitzergreifend. Das ist sehr gefährlich, besonders im Hinblick auf Sex. Sehr viele Menschen denken, dass es unanständig sei, wenn man nach der Hochzeit nicht besitzergreifend werde. Das ist meiner Meinung nach verhängnisvoll. Geh nicht deiner Leidenschaft in die Falle, indem du versuchst, die andere Person völlig zu kontrollieren. Der Trick ist, sie zu lieben, nicht zu besitzen.«

Diana Athill

Andy Murray oder das Ende der Dürre

Gibt es einen härteren Sport als Tennis, wenn man ihn professionell ausübt? Da sind die brutalen Trainingspläne, die in der Kindheit beginnen und nicht aufhören, bis man sich zur Ruhe setzt. Man ist ständig unterwegs, ohne Familie und Freunde. Die Natur des Spiels selbst ist die eines modernen Duells: Eine Person kämpft gegen die andere, es gibt keine Teamkollegen, mit denen man die Last teilen könnte, stundenlanger Kampf, Tag für Tag unter genauer Beobachtung. Und dann die mathematisch unlogische, aber verrückte Wahrheit, dass es in einem Match zwar über 250 Punkte geben, jeder einzelne Punkt aber überdurchschnittlich bedeutsam sein kann. Tennis ist wohl der reinste, härteste und gnadenloseste Sport überhaupt.

Man beschließt also, all das in Kauf zu nehmen und sein Leben um eine Profikarriere herum zu planen – so unwahrscheinlich es auch ist, als Profi erfolgreich zu werden. Man hat den verlockenden Trainingsvertrag bei einem Fußballverein abgelehnt, der einem in jungen Jahren angeboten wurde, und hat auch auf alle anderen Optionen verzichtet. Genau in dem Moment, als harte Arbeit und erbrachte Opfer sich endlich auszahlen und man auf der Rangliste nach oben steigt, zeigt sich, dass man aufgrund einer Laune des Schicksals ausgerechnet jetzt nicht nur mit einem, sondern mit drei Königen konkurrieren muss, die die Spitze dominieren und von denen jeder einzelne ein unglaubliches Niveau an Erfolg, Können und Beständigkeit aufweist. Zwar weiß man, dass man zu jeder anderen Zeit mit seinem Talent und Können schon zig Mal Champion gewesen wäre, aber das Universum hat genau jetzt, wenn es darauf ankommt, einen schlechten Ball ausgespielt. Was tun?

Wenn man Andy Murray heißt, dann trägt man es mit Fassung und tut das, was man immer getan hat: sich an die Arbeit machen und trainieren, sich weiter verbessern. Andy geht dabei vor wie ein Forensiker, nimmt alles bis ins Kleinste auseinander, findet heraus, wie man aus jedem Muskel, aus jeder Mahlzeit und aus jeder Bewusstseinsübung das meiste herausholen kann. Irgendwie absorbiert er den riesigen Erwartungsdruck und lenkt ihn um, kanalisiert die Energie stattdessen in die Jagd nach dem Ball.

Und das Ergebnis? Er wird der vierte König. Es beginnt mit olympischem Gold, dann folgt ein erster Grand-Slam-Sieg bei den US Open, schließlich der begehrteste Titel im Tennis, wenn nicht im Sport überhaupt: Wimbledon. Der Heilige Gral. Andy wird zum Regenmacher der Nation, der eine 77 Jahre anhaltende Dürre beendet. Dann drei Jahre später, als die britische Öffentlichkeit nach Monaten voll schlechter Nachrichten schwach und schlecht gelaunt ist, folgt der zweite Wimbledon-Sieg. Andy spielt besser als jemals zuvor, und die Welt beginnt zu denken, dass er vielleicht gerade erst anfängt.

Wahrscheinlich gibt es niemanden, der den eigenen Ratschlag so fundamental ernst meint und verkörpert wie Andy Murray:

»Glaub immer daran, dass du alles erreichen kannst, wenn du dich einer Sache widmest. Gib wirklich hundert Prozent und arbeite so hart, wie du kannst, an allem, was du tust. Nicht nur an dem, was dir Spaß macht, sondern an allem im Leben. Und vergiss nicht: Angeborenes Talent ist nur ein kleiner Teil, Übung macht den Meister.«

Die Worte eines Mannes, der aus Übung Perfektion werden ließ.

»Glaub immer daran, dass du alles erreichen kannst, wenn du dich einer Sache widmest. Gib wirklich hundert Prozent und arbeite so hart, wie du kannst, an allem, was du tust.

Nicht nur an dem, was dir Spaß macht, sondern an allem im Leben. Und vergiss nicht: Angeborenes Talent ist nur ein kleiner Teil, Übung macht den Meister.«

ANDY MURRAY

Die Schuhe von Dr. Maki Mandela

Das erste Mal treffe ich Dr. Maki Mandela, das älteste überlebende Kind von Nelson Mandela und seiner Frau Evelyn Mase, bei einem Wohltätigkeitsdinner zu Ehren der Männer, die zusammen mit ihrem Vater im Gefängnis saßen. Es ist eine emotionale Veranstaltung. Heute Abend geht es darum, den Erfolg ihres Vaters und seiner Kameraden zu feiern, die für Freiheit in Südafrika gekämpft haben. Wobei auch etwas Traurigkeit mitschwingt, bedenkt man den Preis, den sie, ihre Familien und zahllose andere dafür zahlen mussten. Dr. Mandela, in traditionell südafrikanische Gewänder gekleidet, spricht auf der Bühne offen und mitreißend über ihren Vater und bleibt dabei stark und klar – eine Tochter, auf die jeder Vater stolz wäre.

Als ich ihr später unter vier Augen begegne, verstehe ich, dass ihre innere Ruhe und Kraft ihr auch dabei helfen, Dummköpfe in Schach zu halten. Ich benehme mich wie einer, daher merke ich das deutlich: Ich bin ein bisschen nervös und meine unzusammenhängende und gehetzte Einleitung findet ein jähes Ende. »Was wollen Sie denn von mir hören?«, fragt sie knapp.

Ich erkläre, dass ich an ihrer Lebensphilosophie interessiert bin. Glücklicherweise kommt die Frage gut bei ihr an.

»Im Nachhinein habe ich verstanden, dass alle Kraft und Stärke von innen kommt. Ich habe im Laufe der Jahre mit meinen inneren Dämonen gekämpft, mit der Verbitterung, der Wut, mit der Schwierigkeit, mich selbst anzunehmen, mich zu einer besseren Maki zu machen, authentisch zu leben.«

Die Wut, von der sie spricht, war vor allem eine Reaktion auf die Abwesenheit ihres Vaters seit frühester Kindheit. »Unsere Beziehung war eine Hassliebe. Manchmal nahm ich es ihm übel, dass ich ihn an das Gefängnis verloren hatte.« Sie spricht ganz offen über seinen Charakter. »Ich kenne meinen Vater als meinen Vater. Ich kenne seine Schwächen. Ich habe ihn in Momenten des Triumphs erlebt, wenn er aufrecht ging und sich vor niemandem verbeugte. Und ich habe ihn in den letzten Jahren seines Lebens gesehen, als er krank und bettlägerig war. Bis zum Schluss voller Würde. Aber ich weiß auch, dass er ein Mensch aus Fleisch und Blut war, er war nicht anders als Sie und ich.«

Sie respektierte ihn natürlich. »Er war sehr fokussiert. Wenn er sagte, dass er irgendwo hingehen würde, dann war es egal, was unterwegs passierte: Er ging dorthin. Er lebte authentisch und war sich selbst treu. Das bewundere ich an meinem Vater am meisten.«

Offensichtlich war es nicht leicht, im Schatten eines Mannes zu leben, der von der ganzen Welt verehrt wurde. Das erkannte auch Nelson Mandela selbst an. »Er bestärkte mich immer darin, meinen eigenen Weg im Leben zu suchen. Er wusste, dass mir seine Schuhe nicht passen würden. Wenn deine Mission die gleiche ist wie die deiner Eltern, sagte er, dann hast du keinen Ehrgeiz.«

Sie arbeitete als Sozialarbeiterin, promovierte in Anthropologie und wurde Geschäftsfrau und Unternehmerin mit eigenem Weinberg – sie fand ihren persönlichen Weg durchs Leben, außerhalb des väterlichen Schattens, und liebte ihn so, wie er war.

Das schlägt sich auch in ihrem Ratschlag nieder:

»Alle Antworten, die wir suchen, liegen in uns. Lebe dein eigenes Leben. Gehe deinen eigenen Weg.«

*»Alle Antworten,
liegen in uns. Lebe
Gehe deinen*

*die wir suchen,
dein eigenes Leben.
eigenen Weg.«*

Dr. Maki Mandela

Super Mario Testino

Mario Testinos Hauptquartier sieht genauso aus, wie man sich das Zuhause eines weltberühmten Fotografen vorstellt. Die Fassade des Gebäudes ist so dunkel wie das kleine Schwarze eines Supermodels. Im Inneren ist alles weiß und hell, große, offene Atelierräume, die nach Kameraequipment und Berühmtheiten verlangen, damit der Maestro seine Arbeit machen kann. An den Wänden hängen eng nebeneinander einige der weltweit bekanntesten, schönsten und talentiertesten Menschen, die alle in Marios Linse geguckt haben und anschließend noch besser aussahen.

Mario sieht selbst wie ein Model aus und ist in schlichtes Marineblau gekleidet. Er ist ein charmanter Gesprächspartner, aber wenn man zu Neid neigt, dann sollte man sich von seinem Instagram-Feed fernhalten. Dort zieht ein endloser Strom großartiger Menschen vorbei, die tolle Sachen an wunderschönen Orten machen. Nichts davon ist gestellt, und genau daraus besteht sein Leben. Ich sage ihm, dass er offenbar einer der wenigen Menschen ist, deren Leben so gut ist, wie es aussieht. Er bestätigt diesen Verdacht. »Ich arbeite mit den schönsten Menschen, Frauen und Männern, reise an die schönsten Orte. Und ich bin nirgends auf der Welt länger als fünf Tage. Ich habe großes Glück. Aber ich habe auch wirklich etwas dafür tun müssen. Zwölf Jahre lang habe ich versucht, Arbeit zu finden und endlich mit dem Leben zu beginnen. Jetzt arbeite ich jeden Tag mindestens zwölf Stunden.«

Mario wuchs in einer großen, liebevollen Familie in Peru auf. Er war ein guter Schüler, und alle, ihn selbst eingeschlossen, nahmen an, dass er eine berufliche Laufbahn als Jurist oder Ökonom einschlagen würde. In seiner Teenagerzeit begann er jedoch »sich schräg anzuziehen: leuchtende Farben, Streifen, Punkte, Gelb mit Orange und Blau, ich konnte es nicht lassen, es mussten die grässlichsten Dinge sein.« Seine Eltern verstanden das zwar nicht, hielten ihn aber auch nicht davon ab. Aber es war allen klar, dass er nicht in sein konservatives römisch-katholisches Heimatland passte: »Die Leute sahen mich an wie einen Freak.« Nachdem er drei verschiedene Studiengänge ausprobiert und seinen Eltern sechs Monate lang damit in den Ohren gelegen hatte, schickten sie ihn nach London.

Er liebte Großbritannien von Anfang an. »Ich habe in England Freiheit gefunden. Geistige Freiheit, nicht physische Freiheit. Die Menschen hier sind verklemmt, wenn es um ihre Körper geht, aber sie sind frei in den Köpfen, sie können alles verstehen.« Er fühlte instinktiv, dass er hier er selbst sein konnte. Er bewarb sich an einer Londoner Fachhochschule für Kommunikationswissenschaft und wurde angenommen. Das Studium begann erst im darauffolgenden Jahr, also belegte Mario zunächst einen Kurs an der örtlichen Fotoschule. Durch einen Freund lernte er eine iranische Fotografin kennen, die gerade ein Studio eröffnet hatte und Mario einen unbezahlten Job als Assistent anbot. »Lustigerweise lernte ich dort mehr als an der Fotoschule und begriff, dass es genau das war, was ich machen wollte.«

Danach hatte er keine Probleme, Kunden zu finden. Allerdings verlor er die meisten gleich wieder. »Ich bettelte die Leute an, mich zu engagieren. Aber dann machte ich haufenweise Fehler bei der Beleuchtung, und das war's dann. Damals arbeitete man noch mit Film, und man konnte die Fehler nicht sehen, bevor es zu spät war.« Im Laufe der Zeit lernte er seine Lektionen, behielt die Kunden und wurde ständig weiterempfohlen. Mittlerweile fotografiert er seit über dreißig Jahren für die *Vogue*.

Er begründet seinen anhaltenden Erfolg damit, dass er sich immer auf die Suche nach der Persönlichkeit der Sache oder der Person mache, die er fotografiert. »Als Fotograf hast du zwei Möglichkeiten: Entweder geht es um dich, oder es geht um die Person, die vor deiner Kamera steht. Wenn ich die königliche Familie fotografiere, denke ich dabei nicht an Mario Testino. Und wenn ich Bilder für *Burberry* mache, denke ich auch nicht an Mario Testino. Ich erschaffe für jeden von ihnen etwas Neues, das ihre Essenz einfängt.«

Bedenkt man seinen internationalen Erfolg, dann überrascht die Bescheidenheit, mit der er über seine Arbeit spricht. »Die Leute vergessen oft, dass wir im Marketing arbeiten. Wir sorgen dafür, dass Sachen gut aussehen. Wir können dir eine Jacke verkaufen, ein Kleid, ein Auto, ein Land, eine Familie, wir können dir alles verkaufen. Wir können dafür sorgen, dass du es haben willst.«

Er schreibt den Erfolg auch seinem persönlichen Credo zu, immer offen für Veränderung zu sein, für Bewegung, für alles Neue. »Ich sage immer, dass ich nichts sein will, denn dann kann ich alles sein, ich kann sein, was immer ich sein möchte. Sexualität, Geschmacksvorlieben, Musik, Farben, Klamotten, das alles verändert sich. Ich habe gelernt, dass man nie sagen kann: Ich mag Rot. Denn dann ist es Schwarz, dann Gelb, dann Grün.« Die größte Lektion, die er aus seinen Erfahrungen gelernt hat, ist es daher, geschmeidig zu bleiben und sich vom Leben führen zu lassen.

»Das Leben ist merkwürdig. Es geht seltsame Wege, also musst du lernen mitzuschwingen. Du musst offen sein für das, was dich ein bisschen verunsichert und worauf du neugierig bist. Nicht nur für das, was du schon magst, denn dann entsteht kein Raum für Wachstum und Entwicklung. In Peru, wo ich aufgewachsen bin, gibt es oft Erdbeben. Die Gebäude, die so gebaut sind, dass sie mitschwingen und sich bewegen können, bleiben meistens stehen. Die, die zu steif sind, bekommen eher Risse und stürzen ein.«

»Das Leben ist merkwürdig. Es geht seltsame Wege, also musst du lernen mitzuschwingen. Du musst offen sein für das, was dich ein bisschen verunsichert und worauf du neugierig bist. Nicht nur für das, was du schon magst, denn dann entsteht kein Raum für Wachstum und Entwicklung. In Peru, wo ich aufgewachsen bin, gibt es oft Erdbeben. Die Gebäude, die so gebaut sind, dass sie mitschwingen und sich bewegen können, bleiben meistens stehen. Die, die zu steif sind, bekommen eher Risse und stürzen ein.«

Mario Testino

Mit Oberstleutnant Lucy Giles
in der Kaserne

Als ich aussteige, höre ich Schüsse. Wie passend, ein authentisches Hintergrundgeräusch für den Besuch von Sandhurst, der Militärakademie, die jeder Offizier der britischen Armee besucht. Sechshundert Anwärter beginnen das Training jedes Jahr in der Hoffnung, als Armeeoffiziere abzuschließen. Und jeder einzelne von ihnen gehört zum Verantwortungsbereich von Oberstleutnant Lucy Giles, erste weibliche Kommandantin der Führungsakademie in der Geschichte dieser ehrwürdigen Militärinstitution.

Ich bin nicht für meine Pünktlichkeit bekannt, aber ich treffe jemanden, der daran gewöhnt ist, Truppen zu kommandieren, also bemühe ich mich, rechtzeitig vor Ort zu sein. Trotzdem wartet Lucy bereits am Torhaus auf mich, Schultern nach hinten, gerader Rücken, Mütze über den Augen. Alle Armeeangehörigen sprechen sie mit »Ma'am« an. Ich frage mich, ob ich das auch tun sollte.

Glücklicherweise beruhigt sie mich. Sie schlägt vor, dass wir uns einen Tee holen und dann den Rückzug über das Gelände zu ihrem Büro im Haupthaus antreten. Wenn das unwirtlich aussehende Trainingsgelände und der seltsame Panzer, der an der Auffahrt parkt, nicht wären, könnte dies hier auch das Gelände eines wunderschönen Herrenhauses sein. Insgesamt umfasst Sandhurst sechzehn Quadratkilometer mit urwüchsigem Wald, natürlichen Seen, weiten Grünflächen und klassischen alten Gebäuden, in denen die Offiziere und Lucy untergebracht sind. Von Oberleutnant Giles' Schreibtisch aus kann man den Exerzierplatz sehen, wo sie selbst vor vierundzwanzig Jahren als Offiziersanwärterin stillstand.

Im letzten Vierteljahrhundert gab es bei der Armee große Veränderungen hinsichtlich des Umgangs mit Frauen. Ja, am Anfang gab es Sexismus, unangemessene Witze und den anderen üblichen Quatsch, aber Lucy meint, dass diese Art zu denken der Geschichte angehöre. Die Armee würde das alles heute einfach nicht mehr tolerieren. Aber es war ihr auch als Soldatin nie wirklich hinderlich, wenn sie Operationen und Einsätze in Bosnien, Irak, Afghanistan, Sierra Leone und Nordirland leitete.

Neben ihrer anspruchsvollen Arbeit ist sie Mutter zweier Kinder und Ehefrau eines Soldaten. »Man muss schon ein bisschen jonglieren«, sagt sie und zieht leicht die Augenbrauen hoch. Das Heim der Familie befindet sich auf dem Kasernengelände. Kurz gesagt, Oberstleutnant Giles lebt für die Armee.

Sie ist vor allem durch Zufall und Neugier in diese Welt gestolpert. Als sie an der Uni in Exeter studierte, schlug ihr ein Freund vor, ihn zu einem Wochenende für Offiziersanwärter zu begleiten. Lucy war von der Erfahrung völlig begeistert, sie mochte die physische und mentale Herausforderung, den sozialen Aspekt, das Pflichtgefühl und den Fokus auf Menschen und ihre Entwicklung sowie die ganze Funktionsweise der Armee. Für sie eröffneten sich Möglichkeiten und Fähigkeiten, die sie als durchschnittliche Schülerin einer Somerset-Gesamtschule andernfalls nicht gemacht hätte: »Ich habe sogar gelernt, wie man mit einer Gabel einen Mini aufbricht.« Ein Vierteljahrhundert später sitzt sie nun hier und ist selbst für die Offiziersklasse der Militärakademie verantwortlich.

Ich frage sie, wie sie sich fühlt. Die Antwort ist ein breites Grinsen und ein aufrichtiges »Ich könnte vor Freude platzen«. Sie mag ihre Rolle aus demselben Grund, der sie ursprünglich zur Armee gebracht hat: Es geht darum, das Beste aus Menschen herauszuholen. Welchen Rat hat sie, um das zu erreichen?

Sie bezeichnet ihre Herangehensweise als »trainieren statt selektieren«. Sie möchte Potenziale entdecken und Menschen Möglichkeiten zur Entwicklung geben. Sie braucht keine fertig ausgebildeten Soldaten. Im Training geht es viel um Körperlichkeit und Disziplin, aber mindestens genauso viel Wert legt sie auf soziale Kompetenzen wie Entscheidungsfindung, Motivation und Kommunikation. Als Soldat muss man in brenzligen Situationen knallhart sein, aber es ist auch oft erforderlich, klar zu planen und zu kommunizieren, Herzen und Köpfe zu gewinnen.

Grundsätzlich drehe sich alles um Werte, sagt sie. Die Armee hat davon eine ganze Reihe: Mut, Disziplin, Respekt für andere, Integrität, Loyalität und selbstlose Hingabe. Lucys Aufgabe ist es, sicherzustellen, dass sie verinnerlicht werden. Das ist es, was Soldatinnen und Soldaten der Britischen Armee auszeichnet.

»Wenn du nachts draußen stehst, weil du dafür bestraft wurdest, dass du Fusseln auf dem Pulli hattest, dann liegt das daran, dass du auf kleiner Ebene nicht die Disziplin hattest, deine Ausrüstung vor der Inspektion zu überprüfen. Wenn man dieses kleine Vergehen auf einen anderen Kontext überträgt – du vergisst zum Beispiel, den Sicherungshebel an deiner Waffe umzulegen, sie geht aus Versehen los, und du tötest jemanden –, dann verstehst du, warum wir das machen. Alles, was wir tun, dient dazu, bessere Soldaten zu werden.« Oft legt sie die komplette Kampfausrüstung an und joggt beim Training gemeinsam mit den Soldaten. Vorher hat sie sich dann schon ein bisschen über diejenigen informiert, die Schwierigkeiten haben, und sorgt dafür, dass sie neben ihnen herläuft. Sie stellt ein paar Fragen und versucht herauszubekommen, was los ist, und zu helfen. »Ich bin in der Hinsicht eine ziemliche Glucke.«

Werte zu haben und ihnen treu zu sein, das ist es, was einen guten Soldaten ausmacht. Für Lucy gilt das auch für das Leben im Allgemeinen.

»Im Leben geht es darum, das Richtige zu tun, auch an einem harten Tag, wenn keiner zusieht. Wenn du etwas tust oder an etwas vorbeigehst, von dem du weißt, dass es nicht in Ordnung ist, dann betrügst du dich und untergräbst dich selbst. Wenn du dich für die richtige Sache einsetzt, egal, was dabei herauskommt, dann wächst dein Selbstvertrauen. Und auf diese Weise hast du ein besseres Leben. Also sei immer ehrlich zu dir. Und tu immer das Richtige.«

Yes, Ma'am.

»Im Leben geht es darum, das Richtige zu tun, auch an einem harten Tag, wenn keiner zusieht.

Lucy Giles

Anthony Bourdain, Grill- und Drillmeister

Wer *Geständnisse eines Küchenchefs* gelesen hat, das kulinarische Enthüllungsbuch von Cuisine-Badboy Anthony Bourdain, wird bereits wissen, dass man niemals an einem Dienstag Fisch bestellen sollte. Hier folgen nun – in seinen Worten – ein paar weitere Perlen der Weisheit, an denen er mich kürzlich teilhaben ließ. Dazu sage ich nur so viel: Ich bin froh, dass ich für unsere Verabredung pünktlich war.

1. Sei verdammt noch mal pünktlich

»Ich bin immer pünktlich, das ist wahrscheinlich die nützlichste Lektion, die ich jemals gelernt habe. Es ist der erste Hinweis auf deinen Charakter, den man bekommt: Bist du einer von diesen Menschen, die nicht halten, was sie versprechen? Pünktlichkeit ist eine grundlegende Eigenschaft, die ich von meinen Köchen verlange. Wenn du damit ein Problem hast, dann ist die Wahrscheinlichkeit groß, dass ich meine Zeit verschwende, wenn ich dir beibringe, Sauce hollandaise zu machen. Das Gleiche gilt für soziale Beziehungen. Hast du mir gegenüber genug Respekt, um pünktlich aufzutauchen, oder nicht? Wenn nicht, dann werden wir wahrscheinlich irgendwann Probleme bekommen.«

2. Arbeit in der Küche ist gut für den Charakter
»Ich war ein verwöhnter, narzisstischer, fauler, um mich selbst kreisender Mittelklasse-Typ aus der Vorstadt. Ich werde – wenn ich meinen natürlichen Instinkten überlassen bin – von Chaos, Selbstzerstörung und Abhängigkeit magisch angezogen. Die Arbeit in der Küche zwang mir eine Disziplin auf, die mich davor bewahrte, auf die schiefe Bahn zu geraten. Ich fing mit siebzehn als Tellerwäscher an, und auch wenn es dreißig Jahre gedauert hat, so habe ich doch dort gelernt, erwachsen zu werden und Verantwortung zu übernehmen.«

3. Sei höflich zu Kellnern
»Wenn du dich gemein oder respektlos gegenüber Kellnern oder Hotelangestellten verhältst, dann bist du für mich gestorben. Oder wenigstens blutest du gerade aus – unsere gemeinsame Zeit wird auf jeden Fall sehr kurz sein. Wer Kellner schlecht behandelt, zeigt damit sein wahres Gesicht. Mir gegenüber magst du dich vielleicht gerade nicht so verhalten, aber bei anderer Gelegenheit wirst du es tun.

4. Arbeite nicht mit Arschlöchern
»Wenn du die Leute nicht magst, mit denen du arbeitest, dann wird es dir ziemlich schlecht gehen. Alle Vorteile sind dann ziemlich wertlos, weil dein Leben scheiße ist. Wenn du die ganze Zeit mit Arschlöchern zu tun hast, wirst du an einem Herzinfarkt sterben. Du kennst die Leute, die ich meine. Bei denen du denkst: ›Oh scheiße, mit dem will ich nicht sprechen‹, wenn sie dir auf deinem Telefondisplay angezeigt werden. Mach einfach keine Geschäfte mit solchen Leuten. Mickey Corleone sagte, es sei nichts Persönliches, sondern rein ge-

schäftlich. Bullshit: Alles Geschäftliche ist immer auch persönlich.«

5. Als Koch kannst du niemanden verarschen
»Die Welt der Küche ist eine Welt der Extreme: Entweder du schaffst es, dreihundert Eier Benedict in einer Drei-Stunden-Schicht zuzubereiten, oder du schaffst es nicht. Du kannst die ganze Zeit davon reden, wie toll du bist, aber die Wahrheit wird schließlich ans Licht kommen. Was du vorher oder hinterher sagst, ist egal. Aber wenn du richtig gut bist, dann wirst du es schaffen. Es ist wie bei der Mafia: Wenn du acht Leute umgelegt hast, dann bist du ein gemachter Mann.«

6. Wenn du einmal richtig Glück hast, dann nutze es

»Wenn du vierundvierzig Jahre alt bist, so wie ich damals, und dein Leben in jeder Hinsicht versaut hast, so wie ich, pass auf, dass du einen Glücksfall erkennst, wenn er eintritt, so wie ich mit meinem Buch. Dann streng dich richtig an, um es nicht zu vermasseln, denn das ist das, was die meisten Leute machen, wenn sie Glück haben. Ich habe es geschafft, das zu vermeiden. Ich hatte keinen Plan, ich habe einfach hart gearbeitet, Arschlöcher gemieden und bin immer pünktlich gewesen.«

7. Sei kein Arsch
»Wenn ich bei dir zu Hause bin, und du bietest mir etwas zu essen an, was ich nicht besonders mag, dann werde ich lächeln und zugreifen. Versuche ein guter Gast zu sein, versuche dankbar zu sein, sei ein guter Kerl, sei kein Arsch.«

8. Meide Hippies

»Hippies. Ich kann Hippies nicht ausstehen, und ich hasse ihre Musik. Schlecht für die Moral, schlecht für die Disziplin. Und sie sind niemals pünktlich.«

Wie gesagt, ich bin froh, dass ich mich nicht verspätet habe.

»Wenn du vierundvierzig Jahre alt bist, so wie ich damals, und dein Leben in jeder Hinsicht versaut hast, so wie ich, pass auf, dass du einen Glücksfall erkennst, wenn er eintritt, so wie ich mit meinem Buch. Dann streng dich richtig an, um es nicht zu vermasseln, denn das ist das, was die meisten Leute machen, wenn sie Glück haben. Ich habe es geschafft, das zu vermeiden. Ich hatte keinen Plan, ich habe einfach hart gearbeitet, Arschlöcher gemieden und bin immer pünktlich gewesen.«

ANTHONY BOURDAIN

Laila Ali – ohne Samthandschuhe

Als ich mit Laila Ali spreche, der erfolgreichsten Boxerin aller Zeiten, lässt sie sich gerade die Nägel machen. Sie sitzt auf einem Make-up-Stuhl und wird für die Aufnahme einer Folge ihrer beliebten Lifestyle-Fernsehshow aufgedonnert. Eine riesige Veränderung nach ihrer Karriere als Boxerin: Maniküre statt Boxhandschuhe, Sende- statt Kampfzeit, Eyeliner statt blauem Auge. Für sie als unangefochtene viermalige Weltmeisterin, die alle achtundzwanzig Kämpfe ihrer professionellen Karriere gewonnen hat (einundzwanzig davon durch K. o.), waren Veilchen und Blutergüsse allerdings nicht wirklich ein Problem. Eher das ihrer Gegnerinnen.

»Das Wichtigste, was Sie über mich wissen sollten, ist, dass ich sehr ehrgeizig bin. Ich bin bereit, viele Stunden für eine Sache zu arbeiten und vollen Einsatz zu bringen«, erklärt Laila in klarem und sachlichem Ton, als ich sie frage, was man braucht, um Weltmeisterin zu werden. Ich stimme ihr zu, dass niemand ohne harte Arbeit nach ganz oben kommt, aber mich interessiert, woher die Motivation und der nötige Ehrgeiz kommen. Ihre Antwort ist ehrlich, offen und mutig. »Als Kind habe ich gelernt, dass ich die einzige Person bin, auf die ich mich immer verlassen kann. Es kam zu oft vor, dass ich vor der Schule darauf wartete, dass mich jemand abholte, aber niemand auftauchte. Da habe ich gelernt, mir zu sagen: ›Scheiß drauf, so nicht.‹ Und dann bin ich alleine nach Hause gelaufen. Ich begriff, dass ich mich um mich selbst kümmern musste, damit etwas passierte.«

Interessanterweise war es aber zunächst nicht das Boxen, das ihren Ehrgeiz beflügelte. »Meine Leidenschaft waren Nägel. Mit sechzehn wollte ich ein Nagelstudio eröffnen. Geschäftsführerin werden. Den Laden aufbauen. Ich besuchte also eine Fachschule für Kosmetik, um zu lernen, wie man das macht.« Dabei blieb sie, bis sie das Boxen entdeckte. Viele vermuten wahrscheinlich, dass Laila wegen ihres Vaters beschloss, Boxerin zu werden. Aber bis sie achtzehn war, kam ihr das überhaupt nicht in den Sinn. Auf die Idee kam sie erst, als sie eines Abends durch das Fernsehprogramm zappte und Frauen beim Sparring sah. »Vorher hatte ich mich nicht fürs Boxen interessiert. Aber als ich den Frauen in Handschuhen beim Kämpfen zusah, war ich auf einmal wie elektrisiert.«

Es dauerte allerdings noch ein Jahr, bevor Laila überhaupt in ein Fitnessstudio ging und dort zum ersten Mal Handschuhe anzog. Ein Jahr, in dem sie abwog, ob sie damit anfangen sollte oder nicht. »Es war nicht der Weg, den ich eigentlich eingeschlagen hatte. Ich wollte nicht im Rampenlicht stehen, also habe ich es mir quasi ausgeredet.«

Ich frage mich, warum sie es nicht einfach ausprobiert hat, um zu sehen, ob es ihr gefällt. Aber das ist nicht Laila Alis Art. »Das war keine Option. Wenn ich was mache, dann entweder ganz oder gar nicht. Ich wusste, wenn ich anfing zu boxen, dann musste ich auch Weltmeisterin werden. Und ich wusste auch, wie viel Arbeit das werden würde. Also musste ich mir meiner Sache sehr sicher sein, bevor ich überhaupt anfing.«

Sie dachte also ein Jahr darüber nach und entschied sich dann dafür. Ihrem Vater erzählte sie nichts davon. Sie hängte es absichtlich nicht an die große Glocke, informierte sich, fand ein Fitnessstudio und den richtigen Trainer und fing an zu trainieren. Abkürzungen gab es keine, dafür viele Stunden voll harter Arbeit, Schweiß und Schmerz, aber es stellte sich auch heraus, dass Laila Ali ein Naturtalent war. »Für mich fühlte es sich richtig an zu kämpfen. Es weckte in mir diese Intensität und Wut. Ich habe eine gemeine Ader, die man im Ring manchmal braucht.« Das würden wohl all ihre Gegnerinnen bestätigen.

Irgendwann musste sie es ihrem Vater natürlich doch erzählen. Falls sie gehofft hatte, dass er sich darüber freuen würde, dass sie das Familienerbe antrat, wurde sie enttäuscht. »Er sagte, dass ich es lassen solle, Boxen sei nichts für Frauen. Es sei zu hart. Ich würde verletzt werden. Ich war nicht beleidigt oder sauer, sondern beschloss: ›Dir zeige ich es!‹« Und das tat sie allerdings!

Ihr heutiges Leben sieht völlig anders aus. Sie hat die Handschuhe an den Nagel gehängt und ist zu ihrem früheren Traum, als erfolgreiche Geschäftsführerin eines eigenen Schönheitssalons zu arbeiten, zurückgekehrt. Darüber hinaus ist sie Bestsellerautorin, Fernsehmoderatorin, Schauspielerin, Mutter ... die Liste ließe sich fortsetzen.

Fehlt ihr das Kämpfen?

»Das Boxen hat mir gutgetan. Es war ein großartiges Ventil. Aber man muss auch bereit sein, sich zu verändern. Ich bin nicht mehr dieselbe wie mit fünfundzwanzig, als ich noch gekämpft habe.« Ihr Siegeswille ist allerdings ungebrochen. »Bei meiner neuen Karriere habe ich natürlich auch Ziele und Pläne. Ich bin immer noch bereit, mich richtig reinzuhängen und mein Bestes zu geben.«

Lailas Ratschlag speist sich aus ihrer Zielstrebigkeit, aus dem Willen, die Beste zu sein und zu gewinnen.

»Alles, was wir dafür brauchen, haben wir in uns. Vertraue dir selbst, vertraue auf deine Intuition. Lass keinen anderen über dein Schicksal entscheiden und folge deiner Leidenschaft, auch wenn du Angst hast. Sieh der Angst ins Auge und sage: ›Dich kriege ich.‹«

Da wir gerade über Angst sprechen, frage ich sie, was unmittelbar vor einem Kampf in ihrem Kopf vorging. Was sagt eine unbesiegte Weltmeisterin zu sich selbst? »Ich war immer optimistisch, weil ich so gut vorbereitet war. Ich habe trainiert, mich mit Strategie beschäftigt und war in Topform. Ich war mir immer sicher, dass ich gewinnen würde. Die Frage war nur, in welcher Runde.«

Laila Ali hält inne und fügt dann hinzu: »Und als Sahnehäubchen habe ich mir kurz vor dem Kampf gesagt: ›Oh, und ich bin außerdem die Tochter des größten Boxers aller Zeiten.‹ Dann erklang die Glocke, und der Kampf begann.«

Ding, ding.

»Sieh der Angst ins Auge und sage: ›Dich kriege ich.‹«

LAILA ALI

Im Knast mit Alexander McLean

Unser Fahrer parkt neben einer Gruppe von Lehmhütten, die verstreut um einen Platz aus verbrannter, trockener Erde herumstehen, schaltet den Motor aus und erklärt, dass wir angekommen seien. Ich bezweifele, dass dies der richtige Ort ist, denn es gibt hier weder Mauern noch Zäune. »Warum sollte es Zäune geben?«, fragt der Fahrer, durch meine Bemerkung irritiert. »Wohin sollten die Gefangenen denn fliehen?«

Meine Vorstellungen von afrikanischen Haftanstalten werden bei einer Tour durch zehn Gefängnisse in Uganda und Kenia mit Alexander McLean, Gründer des »African Prisons Project« (APP), gründlich über den Haufen geworfen. Es ist unser erster Halt, eine Gefängnisfarm mitten im Nirgendwo der riesigen Grasebenen im ländlichen Norduganda. Um hierherzukommen, fährt man fünf Stunden lang über unbefestigte Straßen. Trotzdem, ganz ohne Zäune?

Mauern seien nicht nur unnötig, erklärt Alexander, sondern den Einheimischen sei es sogar lieber so, weil sie dann den Gefängnisbrunnen mitbenutzen könnten. Ich bemerke eine Wasserpumpe und die gesittete Schlange davor, die nicht nur aus Insassen, sondern auch aus Schulkindern besteht. Beide Gruppen tragen ihre entsprechenden Uniformen und warten fröhlich darauf, bis sie an der Reihe sind, Wasser aus dem Brunnen zu schöpfen. Eine in der westlichen Welt völlig undenkbare Szene.

Als wir später über das Gelände gehen, rennt ein Gefangener auf uns zu. Er spricht einen lokalen Dialekt, den ich nicht verstehe, aber eins ist klar: Er freut sich sehr, Alexander zu sehen. Der Gefängniswärter, mit dem wir unterwegs sind, dolmetscht: »Er sagt, dass Alexander McLean sein Leben gerettet habe. Alexander besuchte die Gefangenen im Todestrakt und half ihm, Berufung einzulegen. Am Tag der Verhandlung tauschte Alexander Anzug, Hemd und Krawatte gegen die Gefängnisklamotten des Häftlings, sodass dieser beim Richter einen guten Eindruck machen konnte. Die Berufung war erfolgreich, und der Gefangene wird in wenigen Tagen ein freier Mann sein.«

Ich wende mich Alexander zu. Auf seine ernste und bescheidene Art nickt er und sagt, dass die Geschichte wahr sei. Aus Neugier frage ich ihn, ob er den Anzug zurückbekommen habe. »Ich glaube nicht. Aber ich bin mir sicher, dass er ihn eines Tages zurückgeben wird«, lautet seine bedächtige, vielleicht etwas zu optimistische Antwort.

Diese kleine Begebenheit verdeutlicht den Kern seiner Arbeit und Alexanders bedingungslosen Einsatz für das APP. Die Organisation begibt sich in Gefängnisse, in denen keine oder nur wenige medizinische, pädagogische oder rechtliche Einrichtungen zur Verfügung stehen, und geht nicht eher wieder, bis es vor Ort Gesundheitszentren, Bibliotheken, Lehrer und Rechtsanwälte gibt. Auf diese Weise wurde die Sterberate in einigen Gefängnissen um das Zehnfache gesenkt, Analphabeten durch alle Stufen der Ausbildung begleitet (in einigen Fällen erwarben Gefangene Jura-Abschlüsse und helfen jetzt anderen Insassen) und zahllose Todesurteile aufgehoben. Revolutionär trifft es nicht mal im Ansatz. Alexander engagiert sich als Gründer und Leiter so sehr für diese Mission, dass er sogar bereit ist, wortwörtlich sein letztes Hemd zu geben. In Wirklichkeit ist das aber noch nicht einmal das beste Beispiel für Alexanders hingebungsvolle Arbeit. Das erleben wir erst beim Besuch eines Hochsicherheitsgefängnisses in der Nähe der Stadt. Die Bedingungen sind jenseits von Gut und Böse. Wir besuchen eine Zelle mit 280 Männern, die abwechselnd schlafen und sitzen müssen, weil der Platz nicht reicht, damit sich alle gleichzeitig hinlegen können. Sogar noch härter geht es in dem Bereich für Tuberkulosekranke zu, ein karger, dunkler Betonraum, in dem die Männer, bei denen die ansteckende Krankheit diagnostiziert wurde, zur Quarantäne untergebracht sind. Während mein Freund und ich aus Sorge um unsere Gesundheit am Eingang bleiben, betritt Alexander den Raum und geht direkt auf den Mann zu, dessen Zustand am schlimmsten zu sein scheint. Er kniet sich hin, tupft ihm die Stirn ab und kümmert sich um ihn. Ohne dramatisieren zu wollen, denke ich, dass Jesus vermutlich genauso gehandelt hätte.

Alexander ist ein religiöser Mensch. Er kam zum ersten Mal mit achtzehn Jahren nach Afrika, als er ehrenamtlich in einem Hospiz in Uganda arbeitete. Während der Zeit im Krankenhaus bemerkte er, dass die Gefangenen, die eingeliefert wurden, oft ans Bett gekettet blieben und nicht versorgt wurden. Wenn sie schon im Krankenhaus so schlecht behandelt wurden, wie viel schlimmer musste es dann erst im Knast sein? Er schaffte es, Zutritt zu einem Gefängnis zu bekommen, um das herauszufinden. Die Bedingungen waren so fürchterlich, dass er nicht anders konnte, als Geld für eine einfache Krankenstation und eine Bücherei zu sammeln. Seine Arbeit senkte die Sterberate innerhalb eines Jahres von hundertvierundvierzig auf zwölf. Seitdem hat er einfach immer weitergemacht.

Alexander betont, dass die meisten Menschen aufgrund ihrer Armut in den Gefängnissen säßen: Es sind Vergehen wie Lebensmitteldiebstahl, Schuldenrückstand, Vagabundentum (das nach Dickens klingende »Verbrechen« der Obdachlosigkeit). Die meisten sind nicht einmal verurteilt, sie werden einfach so festgehalten. In der Verfassung von Uganda steht, dass jeder innerhalb von sechs Monaten Anrecht auf eine Gerichtsverhandlung hat – gegenwärtig liegt der Durchschnitt bei zweieinhalb Jahren. Das Ergebnis: Die Gefängnisse sind völlig überfüllt mit überwiegend unschuldigen Menschen. Es ist eine deprimierende Situation.

Alexanders Arbeit bringt Hoffnung an solche Orte. Er macht selbstverständlich keinen Unterschied zwischen Schuldigen und Unschuldigen: Er sieht sie alle als Menschen, die es verdienen, in Würde zu leben und manchmal unvermeidlich zu sterben. Aber mehr noch, er möchte alle Möglichkeiten zur Veränderung bieten, die die Menschen in Gefangenschaft nutzen können. »Die Zeit im Gefängnis soll eine Gelegenheit zur Transformation sein und nicht zur Verzweiflung führen. Ich bin genügend Gefangenen begegnet, die im Todestrakt saßen und jetzt als Anwälte ihre Mitgefangenen unterstützen, oder kürzlich ausgebildeten Lehrern, die anderen Insassen Englischunterricht geben, um zu wissen, dass solche Transformationen möglich sind.«

Alexander ist ein wirklich bemerkenswerter Mann, der Licht an einige der dunkelsten Orte bringt, die man sich überhaupt vorstellen kann. Der Rat, den er gibt, bestimmt sein ganzes Leben:

»*Jede noch so schäbig aussehende Person ist voller Gaben und Talente, die unsere Vorstellung übertreffen. Liebe diese Leute wie dich selbst. Die Leute am Rande der Gesellschaft haben es nicht nötig, dass man ihre Probleme für sie löst, sie müssen nur die Möglichkeit erhalten, sie selbst lösen zu können. Und wenn sie das tun, werden sie dabei auch oft die Probleme anderer lösen.*«

»Jede noch so schäbig aussehende Person ist voller Gaben und Talente, die unsere Vorstellung übertreffen. Liebe diese Leute wie dich selbst. Die Menschen am Rande der Gesellschaft haben es nicht nötig, dass man ihre

Probleme für sie löst, sie müssen nur die Möglichkeit erhalten, sie selbst lösen zu können. Und wenn sie das tun, werden sie dabei auch oft die Probleme anderer lösen.«

ALEXANDER MCLEAN

Der undefinierbare Nitin Sawhney

Sucht man einen international berühmten Flamenco-Gitarristen, einen klassischen Komponisten für den neuesten Hollywood-Soundtrack, einen Konzertpianisten für die Royal Albert Hall, einen BBC-Sitcom-Schauspieler oder einen Songschreiber für Shakiras nächsten Hit – dann ruft man am besten Nitin an. Erstaunlicherweise kann Nitin Sawhney – Autor, Produzent, Musiker, Komponist, Tausendsassa – all diese Dinge und noch vieles mehr. Doch das ist nur die musikalische Seite. Wenn man ein schweres mathematisches Problem, rechtliche Schwierigkeiten oder eine Frage zur laufenden Buchhaltung hat – als gelernter Mathematiker, Rechtsanwalt und Buchhalter kann Nitin auch dabei helfen. Talentiert beschreibt ihn noch nicht mal ansatzweise.

Ich treffe ihn in seinem Atelier, einer alten Molkerei hinter der Brixton High Street. Um dorthin zu gelangen, bin ich gerade am Schrein für David Bowie vorbeigelaufen, der kürzlich verstorben ist. Die Briefe und Trauerbekundungen und die schiere Zahl von Menschen, die hierhergepilgert sind, machen mir wieder einmal deutlich, dass Musik für das Leben vieler Menschen zentral ist oder zumindest einen sehr wichtigen Teil davon darstellt.

Nitin Sawhney würde dem zustimmen. Er beschreibt, wie ein altes lädiertes Klavier bei ihm zu Hause auftauchte, als er noch ein kleiner Junge war. Einer der glücklichsten Momente seines Lebens. »Ich konnte die Finger nicht davon lassen. Es fühlte sich wie eine Explosion von Möglichkeiten an, wenn ich die Tasten anschlug. Ich konnte so viele Farben hören, das Ausdruckspotenzial war riesig.«

Er hatte von klein auf viel zu sagen.

Nitin wuchs in den 1970er-Jahren in Rochester, Kent, auf, damals eine Hochburg der rechtsextremen British National Front. Rassismus war weitverbreitet, und Nitin war das einzige asiatische Kind seines Jahrgangs, wenn nicht der ganzen Schule. Das führte zu »viel Gewalt mir gegenüber, es war eine schlimme Zeit, und ich fühlte mich immer wie ein Außenseiter. Es gab mir aber auch viele Denkanstöße. Ich musste einiges loswerden.« Mit dem Klavier und der Musik im Allgemeinen fand er einen Weg dafür.

Ein anderer, positiverer Einfluss seiner Kindheit, der seine große musikalische Vielfalt erklärt, ging von seiner Mutter aus, einer klassischen indischen Tänzerin, die sich von allen Arten von Musik inspirieren ließ. Sie zeigte ihm, dass die Grenzen, die Menschen zwischen verschiedenen Kunstformen errichten, bloße Einbildung sind und dass Musik und Kunst reiner Ausdruck sind und nicht kategorisiert werden müssen.

Auf gewisse Weise hat Nitin während seiner ganzen Karriere gegen das Bedürfnis der Welt nach Eindeutigkeit und Einordnung seiner Arbeit gekämpft. Er erinnert sich daran, wie er nach der Nominierung für den Mercury Prize in einen Plattenladen ging und sah, dass die Auslage den diesjährigen Nominierten gewidmet war. Alle elf Künstler wurden dort präsentiert, alle außer ihm. Als er fragte, warum das so sei, sagte man ihm: »Nitin Sawhney macht Weltmusik, deshalb verkaufen wir ihn auch nur in der entsprechenden Abteilung.« Bei anderer Gelegenheit wurde er von einem hartnäckigen Journalisten gefragt, wie es sich anfühle, der »Anführer des asiatischen Underground« zu sein, woraufhin Nitin sagte, dass er die Frage nicht verstehe. Doch der Journalist wiederholte sie mehrfach, und Nitin erklärte ihm, »dass ich einfach Musik mache; und dass sie weder asiatisch noch Underground ist, was auch immer das heißt, und dass ich auch nicht der Anführer von irgendwas bin«. Der Journalist beendete das Interview und stellte Nitin in seinem Artikel als grob unhöflich dar.

Nitins Lebensphilosophie und sein Ratschlag beziehen sich auf einige dieser Erfahrungen und rufen zum Widerstand gegen das gesellschaftliche Bedürfnis auf, alles benennen und kategorisieren zu müssen:

»Lass nicht zu, dass andere dich und dein Leben definieren. Lass dich nicht von ihren Erwartungen definieren. Lass dich nicht von der Zeit definieren, entweder von dem, was du bisher gemacht hast, denn das ist die Vergangenheit, oder von deinen Plänen, denn das ist die Zukunft. Sei im Einklang mit dir selbst und definiere dich immer als dein authentisches echtes Selbst. Finde heraus, was deiner Seele guttut, und verfolge es. Diese Freiheit hast du. Und sie gibt dir die Stärke, einer Welt zu widerstehen, die versucht, dich zu manipulieren oder zu kategorisieren.«

Nitin Sawhney: undefinierbar.

»Lass nicht zu, dass andere dich und dein Leben definieren. Lass dich nicht von ihren Erwartungen definieren. Lass dich nicht von der Zeit definieren, entweder von dem, was du bisher gemacht hast, denn das ist die Vergangenheit, oder von deinen Plänen, denn das ist die Zukunft. Sei im Einklang mit dir selbst und definiere dich

immer als dein authentisches echtes Selbst. Finde heraus, was deiner Seele guttut, und verfolge es. Diese Freiheit hast du. Und sie gibt dir die Stärke, einer Welt zu widerstehen, die versucht, dich zu manipulieren oder zu kategorisieren.«

NITIN SAWHNEY

Die Essenz von Jo Malone

Es ist Königinnenwetter – ein sonniger Tag in London –, und wir bestellen Rosé, um das zu feiern. Es gibt mehrere zur Auswahl, und man kann die verschiedenen Weine probieren. Jo Malone hebt dazu jedes Glas. Ich nehme an, dass sie einen Schluck trinken wird, aber sie trifft ihre Auswahl, indem sie daran riecht. Logisch, natürlich macht sie das so.

Jo Malone ist eine der berühmtesten Parfümeurinnen der Welt. Sie hat nicht nur eins, sondern gleich zwei international erfolgreiche Duftimperien gegründet. Daher kennen die meisten Leute ihren Namen, aber nur wenige ihre Geschichte. Wenn sie deren Essenz in nur wenigen Wörtern zusammenfassen sollte, dann wären es diese: »Aus Zitronen Limonade machen!«

Jo beschreibt sich selbst als legasthenisches Arbeitermädchen aus Bexleyheath, das sich wacker geschlagen hat. Anscheinend hat sie ein natürliches Talent, Düfte zu erschaffen, was sie teilweise ihrer Legasthenie zuschreibt: »Mein Gehirn funktioniert einfach anders, ich sehe Texturen und Farben und kann sie in Gerüche und Düfte übersetzen.« Ihre erste Beschäftigung mit Pflegeprodukten hatte allerdings tragische Gründe. Als Jo elf war, erlitt ihre Mutter einen schweren Nervenzusammenbruch. Das Jugendamt entschied, dass sie und ihre

Schwester zu Pflegeeltern kommen sollten, falls ihre Mutter in eine Klinik müsste.

Verblüffenderweise überzeugte Jo die Sozialarbeiter davon, dass sie die Verantwortung übernehmen und für den Lebensunterhalt der Familie aufkommen würde. Sie musste nun Geld verdienen und erinnerte sich an die Arbeit ihrer Mutter für die Firma Revlon, bei der sie sie oft beobachtet hatte: Sie rührte zu Hause Gesichtscremes an und verkaufte sie an wohlhabende Damen in Fulham. Also machte Jo es ihr nach. Es funktionierte, sie konnte genug Geld verdienen, um die Familie zu ernähren, bis ihre Mutter sich wieder erholt hatte. »Ich habe früh gelernt, dass du die Wahl hast, wenn schlimme Dinge passieren: Du kannst dich entweder geschlagen geben, oder du kannst aufstehen und kämpfen. Und wenn du das tust, dann gibt es immer einen Weg, das Ruder wieder herumzureißen.«

Eine andere frühere Kindheitserinnerung erwies sich als ebenso prägend: Ihre Lehrerin ließ Jo zur Strafe auf dem Tisch strammstehen, weil sie während einer Klassenarbeit bei einer Freundin abgeschrieben hatte (aufgrund ihrer Legasthenie verstand Jo keine einzige der Textaufgaben). »Ich habe mich so unglaublich erniedrigt gefühlt. Die Lehrerin sagte vor der ganzen Klasse: ›Wenn du schummelst, dann wird nie etwas aus dir werden, Jo Malone.‹«

Als Jo das erzählt, spürt man immer noch die Emotionen, auch wenn das Ganze vor fast vierzig Jahren geschah. »Ich habe mich mein ganzes Leben lang an diesen Moment erinnert, mich davon aber nicht verbittern, sondern motivieren lassen. Ich erinnere mich, dass ich aus dem Fenster unseres kleinen Hauses guckte und dachte: ›Sie hat unrecht. Ich werde etwas aus meinem Leben machen, ich werde nicht hierbleiben.‹«

Natürlich bestand ihre Kindheit nicht nur aus diesen negativen Erlebnissen. Sie hat gute Erinnerungen an ihren Vater: »Er war ein großartiger Mensch, aber er wusste nicht, wie man eine Familie zusammenhält.« Sein Leben drehte sich um drei Dinge, die allesamt einen großen Einfluss auf Jos Erfolg hatten: Er war Künstler, Markthändler und Zauberer, und Jo assistierte ihm bei all diesen Dingen. »Samstags ging ich mit ihm auf den Markt und half, seine Bilder zu verkaufen, abends war ich seine Zauberassistentin. Mein Haustier war eine weiße Taube namens Suki, die mein Vater aus einer Feuerschale hervorzauberte.« Diese Erfahrungen lehrten sie die Tricks des Einzelhandels und brachten ihr bei, wie man Geschichten und ein bisschen Magie nutzt, um Menschen zu fesseln – wichtige Zutaten in der kaleidoskopischen Welt der Sinne und Überraschungen, die sie erschaffen hat.

Die unterschiedlichen Erfahrungen, gute und schlechte, haben Jos Lebenseinstellung geprägt. »Wenn ich auf meinen bisherigen Leben zurückblicke, war alles davon gleich wichtig. Nichts im Leben ist egal. Du kannst aus allem etwas Positives machen.«

Als sie mit Ende dreißig die Diagnose Brustkrebs erhielt, war das die ultimative Belastungsprobe für diese Lebenseinstellung. Sie trug ihre beste Kleidung, die schicksten Ohrringe und war auf dem Weg zu einer rauschenden Sommerparty, als sie die Nachricht bekam. Ihr Arzt sagte, dass es eine der schlimmsten Arten von aggressivem Brustkrebs sei, die er je gesehen habe, und dass ihr noch neun Monate blieben. Ihre Kämpfernatur gewann nicht sofort die Oberhand. Das passierte erst ein bisschen später, als sie weinend auf dem Bett saß und ihr zwei Jahre alter Sohn fragte, was los sei.

»Beim Gedanken daran, ihn verlassen zu müssen, war ich auf einmal von Kampfgeist erfüllt. Ich dachte: ›Niemand hat mir zu sagen, wann ich sterbe. Das bestimme ganz allein ich.‹«

Ihr Mann gab ihr einen wichtigen Rat. »Er sagte, dass ich an den Kampf gegen den Krebs genauso herangehen sollte wie an den Aufbau meines Unternehmens. Das leuchtete mir ein. Ich wusste, dass ich mir bei geschäftlichen Problemen den besten Anwalt suchen würde. Also zog ich los und suchte mir den besten Arzt.« Drei Tage später saß Jo in einem Flugzeug in die USA. Sie ließ sich von einem Spitzen-Onkologen behandeln und unterzog sich zwölf Monate lang alle fünf Tage einer Chemotherapie. Es war ein unglaublich zermürbendes Jahr, das aber letztendlich die ersehnte Entwarnung brachte. »Am letzten Tag der Chemo trug ich denselben Anzug und die Ohrringe, die ich bei der Party hatte tragen wollen, und holte mir den Tag zurück, den mir der Krebs genommen hatte.«

Der Kampf gegen den Krebs war sicherlich die größte Herausforderung, die sie meistern musste. Doch Jo erzählt, dass es kaum weniger traumatisch war, ihr Unternehmen zu verkaufen. Sie litt nicht nur unter dem Verlustgefühl, das Unternehmer häufig befällt, wenn sie ihre Firma verlassen, sondern sie verlor auch das Recht, in Zukunft ihren eigenen Namen zu benutzen, weil der nun im Besitz des neuen Unternehmens war. Sie konnte außerdem nicht länger das tun, was sie am meisten liebte: Düfte kreieren. Was tat sie also? Sobald die vertragliche Bindung an das Wettbewerbsverbot endete, begann sie, ihr zweites Imperium aufzubauen – Jo Loves –, immer einen Laden und einen Duft nach dem anderen. Ihre trotzige Haltung und die Weigerung, sich von äußeren Umständen unterkriegen zu lassen, schlagen sich auch in ihrem Ratschlag nieder. Sie rät uns, nie zu vergessen, dass letztendlich immer wir es sind, die die Kontrolle haben.

»Keine Situation ist jemals größer als du, egal, wie schlimm sie ist. Du hast immer drei Optionen: Du kannst die Situation verändern, du kannst sie akzeptieren, oder du kannst die Bewertung der Situation ändern. Du hast die Macht zu entscheiden, welche Option die beste für dich ist. Erlaube niemals, dass jemand anderer den Titel deines Buchs bestimmt. Niemals.«

Das Letzte sagt sie mit so viel Elan und Leidenschaft, dass man Jos Begeisterung am liebsten in Flaschen abfüllen möchte – vermutlich könnte man damit eine Menge Geld verdienen.

»Keine Situation ist jemals größer als du, egal, wie schlimm sie ist. Du hast immer drei Optionen: Du kannst die Situation verändern, du kannst sie akzeptieren, oder du kannst die Bewertung der Situation ändern.

Du hast die Macht zu entscheiden, welche Option die beste für dich ist. Erlaube niemals, dass jemand anderer den Titel deines Buchs bestimmt. Niemals.«

Jo Malone

Bear Grylls, Survival-Experte

Man sollte annehmen, dass Bear Grylls, Ex-Soldat, Everest-Besteiger, weltbekannter Überlebensfachmann und Abenteurer, ein echter Macho sowie durch seine Zeit beim Militär und die vielen lebensgefährlichen Erlebnisse ziemlich hart geworden sei – aber weit gefehlt. Ich bin nicht so blöd, Bear einen Softie zu nennen, noch weniger, wenn ich ihm direkt gegenübersitze, aber er strahlt eine Wärme und Liebenswürdigkeit aus, die man nicht unbedingt bei einem typischen SAS-Soldaten erwartet.

Wir unterhalten uns hinter der Bühne, nachdem Bear gerade Hunderten von Lehrern erzählt hat, wie er als junger Mann den Everest bestieg (er erklomm den Gipfel mit dreiundzwanzig, zwei Jahre nachdem er sich bei einem Fallschirmunfall die Wirbelsäule gebrochen und man ihm gesagt hatte, dass er vielleicht nie wieder würde laufen können) und ihnen von der Quelle seines Antriebs und seiner Belastbarkeit berichtet hat. Interessanterweise sind seine Ausführungen völlig frei von Prahlerei: Leistungen werden heruntergespielt, der Verdienst dafür wird anderen zugeschrieben, und er stellt sich selbst als jemanden dar, der ständig zu kämpfen hat.

In Bears Welt ist es in Ordnung, sich durchzukämpfen. Eigentlich ist es gerade das Aushalten dieses permanenten Kampfzustands, das zum Erfolg führt.

»Es gibt immer jemanden, der schneller, schlauer, größer oder erfahrener ist als du. Aber das sind nicht immer die Menschen, die vom Leben belohnt werden. Belohnungen gehen an die Leute, die beharrlich und entschlossen sind, die weitermachen und sich wieder aufraffen, niemals aufgeben und einfach durchhalten, manchmal ganz still und undramatisch.«

Im Gespräch wirkt er sehr bescheiden, und auch wenn er nicht schüchtern ist, scheint er doch jemand zu sein, dem wohler dabei ist, einen Berg zu besteigen, als zu einer Cocktailparty zu gehen. Er ist in erster Linie ein Familienmensch. Vieles von dem, was er erzählt, geht entweder auf seine Eltern oder auf die eigene Erfahrung als Vater zurück. Sein Vater führte ihn in die Welt des Abenteuers ein, indem er ihn zum Klettern mitnahm, als er noch ein Kind war. Bear gefiel diese gemeinsame Erfahrung sehr, und sein Vater brachte ihm im wahrsten Sinne des Wortes das Handwerk bei. »Es war das erste Mal, dass ich etwas fand, was ich gut konnte. Ich war niemals gut in der Schule, aber ich konnte höher klettern als irgendjemand sonst.« Es eröffnete ihm ein Leben, bei dem man »draußen sein, Abenteuer erleben, schmutzig werden und einen Job haben kann, von dem ich als kleiner Junge noch nicht einmal zu träumen gewagt hätte«.

Wie die meisten Menschen mit einem Beruf, der einen professionellen Umgang mit Gefahr erfordert, hat er sehr großen Respekt vor den Risiken, die er auf sich nimmt. Er betont, dass er den Everest nicht »bezwungen« habe: »Wir haben gar nichts bezwungen, wir haben es mit Hängen und Würgen bis nach ganz oben geschafft und sind glücklicherweise mit dem Leben davongekommen, was anderen nicht vergönnt war.« Vier Menschen, die er kannte, starben am Berg, während er ihn bestieg.

Es hebt die Stimmung, als er davon erzählt, wie er seiner Mutter stolz das Foto von sich auf dem Gipfel zeigte – ein Foto, das nach einer mörderischen, dreimonatigen Expedition gemacht wurde, nach atemlosen Tagen in der Todeszone, wohl wissend, dass jeder Schritt der letzte sein konnte. Sie sah sich das Bild kurz an und sagte: »Oh Bear, es wäre so viel schöner gewesen, wenn du dir die Haare gekämmt hättest.«

»Mütter sind unverbesserlich«, sagt er und lächelt.

Einen Teil der Fähigkeit, die Härten des Abenteuerlebens auszuhalten, schreibt er seinem Glauben zu. »In der Todeszone gibt es keine Atheisten«, sagt Bear. Auf seinen stillen christlichen Glauben besinnt er sich auch fern der Berge täglich. »Ich weiß, dass ich mich nicht nur auf mich selbst verlassen kann, ich allein bin nicht stark genug. Aber das Vertrauen in etwas, das viel größer ist als ich, gibt mir Kraft. Also beginne ich jeden Tag auf den Knien und bitte still um Hilfe und Weisheit und entschuldige mich für die Dinge, die ich am Vortag falsch gemacht habe.«

Er ist in seinem Glauben nicht dogmatisch, geht aber offen damit um und macht wirklich großartige Werbung für Gott. Einer seiner größten Helden ist Präsident Obama, der in seiner Sendung *Stars am Limit* auftrat, um auf den Klimawandel aufmerksam zu machen. Dabei klärte ihn Bear außerdem über die Gefahren kopulierender Bären und die Vorteile des Urintrinkens auf. Er fragte Obama bei der Gelegenheit, ob er mit ihm zusammen beten würde, was Obama, ebenfalls ein Mensch des Glaubens und der Familienwerte, bereitwillig tat.

Weiß man um diesen Zugang zu Glaube, Familie und Freundschaft, ist es überraschend, dass Bears Fernsehsendungen manchmal dafür kritisiert werden, eine Macho-Attitüde und das Vergießen von Blut, Schweiß und Tränen zu propagieren. Für diese Negativität hat er keine Zeit und sagt, dass jemand, der so denkt, die Botschaft nicht verstanden habe. Das, was seine TV-Shows immer und immer wieder zeigen, formuliert er auch als besten Ratschlag:

»Es sind nicht die harten Typen, die Machos oder die mit den größten Muskeln, die gewinnen. Es sind die, die sich umeinander kümmern, die bei Schwierigkeiten gut gelaunt bleiben, die freundlich, ausdauernd und positiv sind. Diese Merkmale helfen dir nicht nur zu überleben, sondern das Leben zu genießen. Und das hat nichts mit dem Geschlecht zu tun. Erfolgreiche Menschen sind ganz normale Leute, sie gehen nur ein kleines bisschen weiter, geben ein bisschen mehr, als sie müssen, und leben die zusätzlichen fünf Prozent.«

»*Es sind nicht die harten Typen, die Machos oder die mit den größten Muskeln, die gewinnen. Es sind die, die sich umeinander kümmern, die bei Schwierigkeiten gut gelaunt bleiben, die freundlich, ausdauernd und positiv sind. Diese Merkmale helfen dir nicht nur zu überleben, sondern das Leben zu genießen. Und das hat nichts mit dem Geschlecht zu tun. Erfolgreiche Menschen sind ganz normale Leute, sie gehen nur ein kleines bisschen weiter, geben ein bisschen mehr, als sie müssen, und leben die zusätzlichen fünf Prozent.*«

BEAR GRYLLS

Dambisa Moyos Bildung

Es gibt vermutlich kein besseres Beispiel für die Kraft der Bildung und das unbegrenzte Potenzial Afrikas als die weltweit renommierte Wirtschaftswissenschaftlerin und Bestseller-Autorin Dambisa Moyo. Geboren und aufgewachsen ist sie im postkolonialen Sambia. Vierzig Jahre später sitzt sie mir nun gegenüber, hat einen Doktortitel aus Oxford und einen MBA aus Harvard in der Tasche, ist Vorstandsmitglied bei Barclays und wird von *Time* zu den hundert einflussreichsten Menschen der Welt gezählt. Diese brillante Frau hat genug Energie, um ihren ganzen Heimatkontinent mit Strom zu versorgen.

Für sie ist es glasklar, was ihr auf ihrem Weg zu dem Leben, das sie jetzt führt, geholfen hat. »Es war für mich zentral, dass ich zur Schule gehen konnte.« Sie erklärt warum: »Ich habe keine Geburtsurkunde, weil man zur Zeit meiner Geburt Schwarzen so etwas nicht ausstellte. Man kann sich also vorstellen, dass es nicht so wichtig war, dass Mädchen wie ich zur Schule gingen.« Aber ihre Eltern sahen das anders. Auch wenn sie in einem Land geboren worden waren, in dem der Schulbesuch für Schwarze beschränkt war, wussten sie doch um die Wichtigkeit einer guten Ausbildung für Dambisa. »Sie sagten:

›Du musst zur Schule gehen. Wir wissen nicht, was das für dich heißen mag, aber du musst es tun.‹ Das hat den Lauf meines Lebens für immer verändert.«

Sie ist sehr dankbar für ihre afrikanische Schulbildung und arbeitet hart gegen den Irrglauben, dass Afrika ein hoffnungsloser Fall und abhängig von Hilfe sei. »Afrika stellt zusammen mit den Karibischen Inseln mehr als 90 Prozent der Schwarzen, die an den Ivy-League-Universitäten in den Vereinigten Staaten studieren. Afrika wird oft als Kontinent voller Korruption und Krankheit, Armut und Krieg gesehen, aber die große Mehrheit der Schwarzen, die auf die Elite-Unis gehen und global mithalten können, stammt von dort. Als Kind habe ich in Afrika eine bessere Ausbildung erhalten als viele meiner Bekannten, die im Westen aufgewachsen sind.«

Ihre große Sorge ist die ungewollte Rassentrennung in den westlichen Gesellschaften. Schwarze und Weiße leben zwar in denselben Städten, führen aber zunehmend separate Leben. »Ich komme gerade von einem Geschäftsessen in Mayfair. Es waren sechzig Leute dort. Ich war die einzige schwarze Person und außerdem die einzige Frau. Ich kannte viele der Teilnehmer und würde meine Hand dafür ins Feuer legen, dass sie keine Rassisten sind. Aber ich sah mich um und dachte mir: ›Wow, wir schreiben das Jahr 2016, wir befinden uns in London, und ohne mich wäre keine einzige schwarze Person oder Frau in diesem Raum anwesend.‹«

Sie ist der festen Überzeugung, dass ganz konkrete Vorurteile auch im 21. Jahrhundert noch immer eine große Rolle spielen. Davon zeugt die schockierende Geschichte, wie sie als frisch gewähltes Vorstandsmitglied einer großen internationalen Firma zum ersten Mal an der Aktionärshauptversammlung teilnahm. Sie saß zusammen mit den anderen zwölf Vorstandskollegen – alle weiß und männlich – auf der Bühne, und eine Frau aus dem Publikum fragte: »Ich möchte wissen, aufgrund welcher Qualifikationen diese Frau im Vorstand ist.« Als der Vorsitzende erklärte, dass alle Vorstandsmitglieder ausgewiesene Experten seien, wurde die Dame wütend und verlangte eine Antwort auf ihre Frage. Einer von Dambisas Kollegen reagierte und erklärte: »Sie hat einen Doktor in Wirtschaftswissenschaften von der Universität Oxford, einen MBA aus Harvard und außerdem zehn Jahre für Goldman Sachs gearbeitet. Haben Sie sonst noch Fragen?«

Ich will von Dambisa wissen, ob die Unterstellung, dass ihr die Position nicht zustünde, sie belastet hat. »Mit so etwas hat man es jeden Tag zu tun, wenn man zu einer Minderheit gehört. Man lernt, nicht darauf zu reagieren und sich nicht dadurch definieren zu lassen. Ich saß also nur da und dachte: ›Schauen Sie, meine Dame, es ist alles in Ordnung, Sie müssen sich keine Sorgen um meine Qualifikation machen.‹ Als ich von der Bühne ging, sagten zwei andere Vorstandsmitglieder zu mir: ›Gott sei Dank hat sie nicht nach meinen Qualifikationen gefragt.‹ Einer davon gab zu, noch nicht mal auf dem College gewesen zu sein.«

Es sind diese Jahrzehnte voll falscher Erwartungen und andauernder Vorurteile gegenüber Afrika, Frauen und Hautfarbe, die den Hintergrund für ihren fundamentalen Rat bilden:

»*Ich weiß, dass es ein bisschen kitschig klingt. Aber ich sehe jeden Tag in den Spiegel und sage mir, dass ich da rausgehen und mich nicht verkriechen werde, wenn jemand offen zum Ausdruck bringt, dass ich etwas nicht sein oder tun kann, nur weil ich bin, wer ich bin. Es ist hart, aber da musst du durch. Halte dich an harte Arbeit und Disziplin, behalte den Fokus und mach einfach weiter. Denk daran, dass es viele Leute gibt, die dir mehr oder weniger ähnlich sind und die dir die Daumen drücken, damit du stark bleibst und die Pessimisten eines Besseren belehrst.«*

»*Ich weiß, dass es ein bisschen kitschig klingt. Aber ich sehe jeden Tag in den Spiegel und sage mir, dass ich da rausgehen und mich nicht verkriechen werde, wenn jemand offen zum Ausdruck bringt, dass ich etwas nicht sein oder tun kann, nur weil ich bin, wer ich bin. Es ist hart, aber da musst du durch. Halte dich an harte Arbeit und Disziplin, behalte den Fokus und mach einfach weiter. Denk daran, dass es viele Leute gibt, die dir mehr oder weniger ähnlich sind und die dir die Daumen drücken, damit du stark bleibst und die Pessimisten eines Besseren belehrst.*«

Dambisa Moyo

Der Rhythmus von Mickey Hart

Bemerkenswerte Menschen sind oft sehr fokussiert, das scheint eine ihrer besonderen Fähigkeiten zu sein. Aber ich kenne wirklich niemanden, der so fokussiert ist wie Mickey Hart, seit den 1960er-Jahren Schlagzeuger der psychedelischen Rockband Grateful Dead. Mickeys »Ding« ist Rhythmus. Und darin geht er völlig auf.

Als sich unsere Wege zum ersten Mal kreuzen, höre ich Mickey, noch bevor ich ihn sehe. Wir befinden uns in einem einsamen Teil des Hochlands von Guatemala, und man hört einen Beat – ein pochendes, tickendes Geräusch – und ein eindrückliches Wehklagen, das aus Richtung eines Feuers in einem abgelegenen Winkel kommt. Fasziniert bewege ich mich auf den Rhythmus zu und finde Mickey, der mit geschlossenen Augen im Schneidersitz auf dem Boden sitzt und sich langsam vor dem Feuer wiegt, während vier Maya-Schamanen ihre traditionellen zeremoniellen Instrumente blasen, schütteln und schlagen. Es sind dieselben uralten Rhythmen und Geräusche, die die Maya in diesen vom Regenwald bedeckten Bergen schon seit Jahrtausenden produzieren. Und Mickey kann sie fühlen.

Er ist auf seiner endlosen Suche nach neuen Klängen und Rhythmen für eine Jamsession mit den Schamanen an diesen entlegenen Ort gekommen. Das ist es, was er macht. Er macht Rhythmus.

Wir haben es mit einem Mann zu tun, der zu Hause ein eigenes Labor hat, in dem er beim Spielen einen speziell gefertigten Rhythmus-Helm trägt. Dieser ist mit einem Kernspintomografen verbunden, um die Effekte der verschiedenen Rhythmen auf das Gehirn zu messen.

Es ist derselbe Mann, der mit der NASA zusammengearbeitet hat, um den Rhythmus des Universums zu hören, Klänge aus entfernten Galaxien aufzunehmen, und der den Urknall als »erste Note, den ersten Beat des Universums« bezeichnet hat.

Alles ziemlich überirdisch, aber es sind ernsthafte Untersuchungen. Bei seinem letzten Projekt arbeitete er gemeinsam mit Ärzten an einer Studie über den Effekt, den verschiedene Rhythmen auf Krankheiten haben: Gibt es bestimmte Frequenzen, die degenerierte Zellen beeinflussen können? Wenn irgendjemand das herausfinden kann, dann Mickey.

Sein Ratschlag kommt daher auch nicht wirklich überraschend.

»Mein Rat ist dieser: Im Leben dreht sich alles um Rhythmus. Dein Herzschlag, guter Sex, die Jahreszeiten, wie oft du deine Eltern anrufst, deine guten und schlechten Tage, deine DNA, das Universum: Alles hat einen Rhythmus. Du musst ein offenes Ohr entwickeln und zuhören. Je mehr du dem Rhythmus deines Lebens lauschst, desto deutlicher wirst du ihn hören. Finde deinen Rhythmus. Lebe das Leben in diesem Takt.«

Jetzt ist er wieder zurück bei den Schamanen. Sie spielen noch immer in ihrem tranceartigen Zustand, rufen uralte Vorfahren, Götter und Monster an. Mickey hat jede Menge Ehrfurcht und Respekt gegenüber diesen Menschen und ihren Traditionen, aber er ist auch ein Perfektionist. Etwas stimmt nicht, für sein Ohr klingt irgendwas ein bisschen schief. Es ist das Muschelhorn. Oder besser gesagt, es ist die Art, wie das Muschelhorn geblasen wird. Mickey kennt einen Trick. Er unterbricht die Session, erklärt mithilfe des Dolmetschers, worum es ihm geht, und verbessert so im Handumdrehen eine fünftausend Jahre alte Technik. Die Schamanen sind beeindruckt.

*»Finde deinen
Lebe das Leber*

Rhythmus.
in diesem Takt.«

Mickey Hart

Nancy Hollander, Jiu-Jitsu-Anwältin

Ich trinke Pfefferminztee mit David, Goliaths Erzfeind. Aber David ist ganz anders, als ich ihn mir vorgestellt habe. Erstens ist er eine Frau. Zweitens ist sie Amerikanerin. Und drittens eine zierliche Person von 72 Jahren.

Die meisten Menschen haben noch nie von Nancy Hollander gehört, an sich ein gutes Zeichen. Sie ist US-amerikanische Strafverteidigerin und Bürgerrechtsanwältin, und man begegnet ihr nur, wenn man in Schwierigkeiten gerät. Aber ohne sie wüssten wir viel weniger über einen sehr dunklen Teil dieser Welt: Guantánamo Bay.

Nancy Hollander ist Anwältin zweier Insassen des Gefängnisses, das von der Bush-Regierung in einem fremden Land eingerichtet wurde. Anscheinend geschah dies mit der gezielten Absicht, Terrorverdächtige nicht nur einzusperren, sondern sie auf unbegrenzte Zeit ohne Anklage, unter Folter und in direktem Widerspruch zu allen Verfassungs- und Menschenrechten festzuhalten. Doch Nancy ist sich sicher, dass die Gesetze mächtiger sind als die Regierung. Seit vierzehn Jahren führt sie für ihre Klienten einen Rechtsstreit, um die US-Regierung zu zwingen, ihre eigenen Gesetze einzuhalten. Es geht quälend langsam voran, aber Stück für Stück gewinnt sie in diesem Kampf an Boden.

Einen großen strategischen Erfolg konnte sie verbuchen, als Mohamedou Ould Slahi, einer ihrer Klienten, das Recht zugesprochen bekam, sein Guantánamo-Tagebuch zu veröffentlichen. Die erschütternden Memoiren erzählen von Entführung, Geheimgefängnissen, grausamen Schlägen, Folter und sexueller Erniedrigung, die er während seiner vierzehnjährigen Gefangenschaft erfahren hat.

Eine unangenehme Lektüre, vor allem für die US-Regierung. Die öffentliche Aufmerksamkeit für das Buch half, nicht nur die Misshandlungen, sondern auch Mohamedous allgemeine Situation anzuprangern. Seit über zehn Jahren war er ohne Anklage in Guantánamo Bay festgehalten worden. Und das sogar, nachdem der ehemalige Guantánamo-Chefankläger öffentlich zugegeben hatte, dass es keine Beweise für Mohamedous Verstrickung in ein Verbrechen gegen die Vereinigten Staaten gäbe.

An diesem Fall – oder eher daran, dass es eigentlich gar keinen gibt – zeigen sich deutlich die illegalen Praktiken, gegen die Nancy permanent ankämpft. Diesmal aber sogar erfolgreich: Nach fast einem Jahrzehnt bekam sie die Nachricht, dass Mohamedou entlassen werden sollte, wenn auch noch ohne konkretes Datum*.

Während unserer Unterhaltung achtet Nancy sehr genau auf vorschriftsmäßiges Verhalten. Sie enthüllt keine potenziell geheimen Informationen über einen ihrer Klienten oder die Haftbedingungen, selbst wenn diese Informationen bereits öffentlich bekannt sind. Sie tut nichts, was es der US-Regierung ermöglichen könnte, sie oder ihre bisherigen Erfolge zu

---

* Mohamedou Ould Slahi wurde im Oktober 2016 aus Guantánamo Bay entlassen.

unterminieren. Die einzige Meinungsbekundung außerhalb dieses Rahmens ist ein Metallanstecker in Känguru-Form, den sie stets am Revers trägt. Ein stiller Protest gegen das rechtsstaatswidrige Vorgehen (auf Englisch »Känguru-Justiz«), dem ihre Klienten ausgesetzt sind.

Als sie in den 1950er-Jahren in Texas aufwuchs, war ihr Ungerechtigkeit nicht fremd. Bei einer Diskussion in der Schule war sie im Alter von zehn Jahren die Einzige, die das Gerichtsverfahren »Brown vs Board of Education« befürwortete, das Rassentrennung an öffentlichen Schulen als verfassungswidrig einstufte. Die Lehrer riefen bei ihren Eltern an, um ihnen mitzuteilen, dass sie sich Sorgen machten, weil sie so streitbar sei. Aber als intellektuelle Linksliberale unterstützten sie ihre Tochter. Mit siebzehn folgte sie nächtelang Polizeiwagen durch Chicago und fotografierte Cops, die Leute zusammenschlugen. Dreimal wurde sie wegen friedlichen Protests verhaftet und verbrachte ihr ganzes Leben damit, für die Rechte von Menschen zu kämpfen – unabhängig davon, was sie gemacht oder nicht gemacht haben. Sie ist vielleicht nicht groß, aber sie stellt sich den Mächtigen aufrecht und resolut entgegen.

Ich finde bei unserer Unterhaltung heraus, dass Nancy mit Begeisterung Kampfsport betreibt, vor allem Jiu-Jitsu. Wenn sie es mit Gegnern aufnimmt, die viel größer sind als sie selbst, hält sie sich an die Prinzipien ihres Sensai:

»Was immer du tust, tue es mit Absicht. Im Kampfsport nennen wir das »eins plus eins«. Ein guter Tritt und ein guter Schlag sind besser als zwanzig ohne Absicht dahinter. Sage nichts, was du nicht meinst, tue nichts, wovon du nicht überzeugt bist. Stelle dich niemandem mit

Geschrei entgegen, sondern biete ihnen die Stirn, indem du deinen Intellekt und die besseren Argumente nutzt, standhaft bleibst und deine Mitte behältst, sodass sie dich nicht angreifen können. Der Trick ist, ihre Energie aufzunehmen und umzulenken. Du benutzt ihre eigene Kraft gegen sie.«

Das alles bleibt nicht folgenlos. Aufgrund ihrer unermüdlichen Arbeit wurde sie beschuldigt, mit Terroristen zu sympathisieren oder sogar selbst eine zu sein. Nur weil sie darauf bestand, dass die Regierung sich an die Verfassung hält und Menschen fair behandelt. Sie sagt, dass die härteste Kritik von Leuten aus der Bush-Regierung oder ihrem Umfeld gekommen sei. Ihrer Meinung nach ist das ziemlich ironisch, weil sie diejenigen sind, die Berichte gefälscht, Folter entschuldigt, Entführungen genehmigt und das Gesetz gebrochen haben. Und die deshalb eines Tages ihre Dienste am nötigsten brauchen werden.

Aufnehmen und umlenken in Perfektion.

» Was immer du tust, tue es mit Absicht. Ein guter Tritt und ein guter Schlag sind besser als zwanzig ohne Absicht dahinter. Sage nichts, was du nicht meinst, tue nichts, wovon du nicht überzeugt bist. «

Nancy Hollander

Jude's Law

Als wir uns treffen, läuft Jude Laws Zeit ab. Nicht auf seiner Lebensuhr, sondern auf der Parkuhr. Also beschließen wir, uns in sein Auto zu setzen, das er am Straßenrand der Shaftesbury Avenue geparkt hat, und uns dort zu unterhalten.

Wir sprechen über unsere jeweilige Kindheit. Ich erwähne, dass ich in Huddersfield aufgewachsen bin, und zu meiner Überraschung sagt Jude, dass er am Wochenende dorthin fahren wird. Nichts gegen meine Heimatstadt, aber Huddersfield ist normalerweise nicht der Ort, an dem internationale Filmstars herumhängen. Als ich frage, was ihn dorthin verschlägt, erklärt er, dass er den Onkel eines syrischen Jungen trifft. Er hatte sich mit ihm angefreundet, als er den »Dschungel« besuchte, das provisorische Flüchtlingslager in Calais. Der kleine Junge, um den es geht, hat zugesehen, wie seine ganze Familie, Mutter, Vater und Geschwister, bei der Überfahrt von Afrika ums Leben gekommen ist, und war ganz allein im Lager. Also hat Jude angeboten, die Rechtskosten zu tragen, und kümmert sich darum, ihn aus dem Lager herauszuholen und zu seinem einzigen verbleibenden Familienmitglied in Huddersfield zu bringen.

Die Tatsache, dass Jude überhaupt mehrmals in dem Flüchtlingslager war, sich persönlich für den kleinen Jungen einsetzt und dass diese Tatsache bezeichnenderweise nur aufgrund eines unwahrscheinlichen Zufalls nebenbei im Gespräch herauskommt, sagt viel über den Menschen jenseits der Leinwand aus.

Jude Law hat schon oft große Mühen auf sich genommen, um wichtige Initiativen zu unterstützen. Unter anderem ist er mit der Friedensorganisation »Peace One Day« in die Demokratische Republik Kongo und nach Afghanistan gereist. Er war Teil der Initiative, die es schaffte, eine vierundzwanzigstündige Waffenruhe zwischen den Taliban und dem amerikanischen Militär auszuhandeln, was wiederum zehntausend medizinischen Fachkräften die Möglichkeit gab, während dieser kurzen Unterbrechung 1,4 Millionen Kinder zu impfen.

Er schreibt es verschiedenen Ursachen zu, dass er regelmäßig das Scheinwerferlicht verlässt und an ziemlich gefährliche Orte reist. Zum einen ist es der Versuch, diesem seltsamen Ding namens Ruhm einen Sinn zu geben. »Nicht dass ich mich mit ihm vergleiche, aber mein Held John Lennon sagte einmal: ›Wenn man mir eine Kamera vor das Gesicht hält, dann werde ich etwas Wichtiges sagen.‹ Der Vorteil von Medienruhm ist, dass man dabei helfen kann, auf wichtige Dinge aufmerksam zu machen.« Wenn er ausschließlich das Filmstarleben mit Fünf-Sterne-Hotels und VIP-Komfort lebte, sagt er, dann würde er sich »fett vor Schuld« fühlen. Er ist ganz einfach neugierig auf die Welt und hat den Wunsch, sich mit möglichst all ihren Aspekten zu beschäftigen. Seine Sicht der Dinge ist: »Warum würde man nicht an diese Orte reisen wollen?«

Diese Haltung, das Leben um seiner selbst willen zu erfahren, klingt auch in seinem Ratschlag für alle an, die als

Schauspieler erfolgreich werden möchten. »Du brauchst unfassbar viel Glück, um deine Chance zu bekommen. Deshalb solltest du aus den richtigen Gründen Schauspieler sein wollen: Mach es, weil du die Sache liebst, den Prozess, weil es dir Spaß macht, ohne Gage ein Stück in einem Raum über einer Kneipe aufzuführen. Es muss dir einfach Freude bereiten, denn was passiert sonst, wenn du keinen Durchbruch erlebst?« Es ist diese Liebe zu der eigentlichen Sache, die einen im Erfolgsfall nicht überschnappen lässt. Denn andernfalls »kann es sich schnell wie ein Geschäft anfühlen, und du musst die ursprüngliche Flamme am Leben halten, damit du dich nicht verlierst.«

Als ich nach seinem Rat frage, kommen wir wieder auf die Kindheit zu sprechen. Es war sein Vater, der ihm seine liebste Weisheit mit auf den Weg gab, als er noch ein kleiner Junge war:

»Wenn du zu spät kommst, dann genieße es wenigstens.«

Es war ein Rat, den er ganz wörtlich meinte: Falls du spät dran bist, genieße die zusätzliche Zeit, die es dir verschafft, statt in Panik und Stress zu geraten. Für Jude ist dies außerdem eine Metapher für das Leben, die ihn daran erinnert, »den Moment zu genießen und in diesem Moment die richtige Sache zu tun, was auch immer der Moment ist«. Sei es in einem Flüchtlingslager, in einem Raum über einer Kneipe oder am Set des neuesten Hollywood-Blockbusters.

Und dann muss er auch schon wieder los. Er ist spät dran.

*»Wenn du zu
dann genieße*

spät kommst,
es wenigstens.«

Jude Law

Ahmed »Kathy« Kathrada und Denis Goldberg, Freiheitskämpfer

Ich betrete ein Hotelzimmer in Mayfair, um Ahmed »Kathy« Kathrada und Denis Goldberg zu interviewen, zwei Freiheitskämpfer, die zusammen mit Nelson Mandela gekämpft haben und mit ihm für fast drei Jahrzehnte inhaftiert waren. Das Erste, worauf man mich hinweist, ist das nicht übermäßig große Bett.

»Dieses Bett ist größer als die Zellen, in denen wir auf Robben Island siebenundzwanzig Jahre lang eingesperrt waren.«

Auf einfache Art und Weise verdeutlicht das die Entbehrungen, die diese Männer in Kauf nahmen, als sie ihr Leben dem Kampf gegen die Apartheid in Südafrika verschrieben.

Sie haben das Schlimmste erlebt, was Menschen einander antun können – Folter, Gewalt, die Ermordung geliebter Menschen, Inhaftierung, Einzelhaft und dreißig Jahre Trennung von ihren Familien (Denis' Frau durfte ihn während der gesamten Haftzeit nur zweimal besuchen).

Trotz dieser Erfahrungen gaben sie den Kampf niemals auf. Als junge Männer schworen sie, das Apartheidsystem zu stürzen, und widmeten in den nächsten sechzig Jahren ihre ganze Zeit der Verwirklichung dieses Ziels.

Woher kommt dieser entschlossene Einsatz und die große Widerstandskraft?

Kathy erinnert sich genau. Mit zweiundzwanzig besuchte er nach dem Ende des Zweiten Weltkriegs Auschwitz. Angesichts der tief verstörenden Realität dessen, was passiert war (auf dem Boden lagen immer noch hier und da menschliche Knochen als Beweisstücke herum), erkannte er eine dunkle Wahrheit. »Ich stand da und begriff, dass Genozid die logische Folge von Rassismus ist. Mir wurde klar, dass wir die Apartheid beenden mussten, damit so etwas nicht auch den Menschen in Südafrika passierte.« Nach allem, was er gesehen hatte, und dem Entschluss, den er getroffen hatte, hieß das, dass er nun den Kampf aufnehmen und niemals aufgeben würde.

Das Wissen um die lange Geschichte der menschlichen Freiheitskämpfe verstärkte ihre Entschlossenheit. Denis schildert, wie er als weißer Teenager von gesellschaftskritischen Eltern erzogen wurde. Sie brachten ihm nicht nur bei, alle Menschen, die zu ihnen kamen, unabhängig von ihrer Hautfarbe zu respektieren, sondern erzählten ihm auch von Gandhis Bewegung für die indische Unabhängigkeit, vom weniger bekannten deutschen Widerstand und dem hundertjährigen Kampf der einheimischen Südafrikaner gegen die britische Kolonisierung. Die Geschichten vom Widerstand gegen Unterdrückung inspirierten ihn und machten ihm deutlich, dass die Freiheit nicht nur wert war, für sie zu kämpfen, sondern dass sie am Ende auch errungen werden konnte.

Die beiden sind zwei der bemerkenswertesten Männer, die man sich nur vorstellen kann. Ihre Laune trübt sich nicht im Geringsten, als sie sich ohne jede Bitterkeit von den extremen Opfern ihres sechzigjährigen Kampfes berichten. Wie haben sie es geschafft, mit den Härten des Gefängnislebens zurechtzukommen? »Wir hatten viel Gelegenheit zu üben.« Ihre Energie und ihr Kampfgeist sind ungebrochen.

Am Morgen vor unserer Verabredung war Denis in die Downing Street eingeladen, um David Cameron zu treffen. Denis' Einstiegsfrage an den Premierminister lautete: »Wann hört ihr verdammten imperialen Briten endlich damit auf, Südafrika zu schikanieren?«

Denis ist der Hitzigere der beiden. Auf gewisse Weise ist seine Geschichte sogar noch prägnanter, weil er als Weißer für das Ende der Apartheid kämpfte, was sonst praktisch nicht vorkam. Das bedeutete wiederum, dass er im Gegensatz zu den anderen Kämpfern von seiner eigenen Gemeinschaft ausgestoßen wurde. Alle Männer zahlten für den Freiheitskampf aber den gleichen Preis: lebenslange Haft.

In Wirklichkeit hatte man sogar mit Schlimmerem gerechnet. Während des berüchtigten Rivonia-Gerichtsverfahrens (1963 – 64), bei dem Denis, Kathy, Nelson Mandela, Andrew Mlangeni und andere für ihr Vorgehen gegen das südafrikanische Apartheidregime vor Gericht standen, erwarteten alle, dass die Todesstrafe verhängt werden würde. Sie hatten sich dem Kampf angeschlossen und von Anfang an gewusst, dass es wahrscheinlich darauf hinauslaufen würde.

Nach einer dreistündigen Rede von Nelson Mandela fiel dann das endgültige Urteil, das alle überraschte: lebenslange Haft. Als Denis' Mutter, die schlecht hörte, von der Empore herunterrief: »Und? Wie lautet das Urteil?«, antwortete Denis: »Leben! Das Leben ist wunderbar!« Eine Antwort, die den unsterblichen Widerstandsgeist und steinharten Optimismus der Männer verdeutlicht.

Ich bekomme einen Kloß im Hals, als ich daran denke, dass dieser Moment der Erleichterung gleichzeitig mehr als zwanzig Jahre Gefängnis unter härtesten Bedingungen bedeutete. Verständlicherweise ziehen sie es vor, das Ergebnis zu betonen, nicht die Erfahrung, den Sieg, nicht den Kampf.

Wieso waren sie also erfolgreich? Was hat zum Ende der Apartheid geführt? Sie zählen mit großer Klarheit vier Faktoren auf: den bewaffneten Kampf, durch den die Regierung sich selbst unterminierte, weil sie mehr und mehr Geld dafür ausgab, gegen ihre eigenen Leute vorzugehen. Sie selbst als politische Gefangene, die der Bewegung als berühmte Galionsfiguren dienten. Die internationale Solidaritätsbewegung, also Regierungen und zivilgesellschaftliche Organisationen, die Südafrika boykottierten und ihre Opposition zum Regime damit deutlich machten. Und schließlich der entschlossene Kampf aller Menschen in Südafrika – sei es im Rahmen der Vereinigten Demokratischen Front, der Gewerkschaften oder anderer zivilgesellschaftlicher Organisationen. Die Mehrheit des Landes schloss sich zum Widerstand zusammen, organisierte Protestaktionen und sagte laut: »Es reicht«.

Kathy betont, dass von diesen vier Aspekten der Kampf der Massen der wichtigste Faktor war. Nelson Mandela ließ den Justizminister aus seiner Gefängniszelle auf Robben Island wissen: »Die Zukunft Südafrikas kann Blutvergießen oder eine Verhandlungslösung mit sich bringen, aber am Ende wird die Mehrheit gewinnen.« Da die Mehrheit der Menschen aktiv protestierte und Veränderungen forderte, gab die Regierung schließlich nach.

Als ich frage, was die Hauptlehre ihres höchst bemerkenswerten Lebens sei, bekomme ich sehr tiefgründige Antworten.

Denis sagt:

»*Ich zitiere John Stuart Mills aus dem Munde von Nelson Mandela: › Frei zu sein bedeutet nicht nur, seine eigenen Fesseln zu lösen, sondern ein Leben zu führen, das auch die Freiheit anderer respektiert und fördert.‹ Das ist dasselbe Konzept, das Erzbischof Desmond Tutu ›Ubuntu‹ nannte. Ich bin, wer ich bin, nur durch andere in der Gesellschaft. Letztendlich sind wir Menschen, und darum geht es.*«

Und dann legt Kathy sanft, aber entschieden seine Wahrheit dar:

»*Am Ende wird der Kampf für Gerechtigkeit zum Erfolg führen. Egal, welche Opfer er fordert.*«

Das wissen diese Männer aus eigener Erfahrung.

»Ich zitiere John Stuart Mills aus dem Munde von Nelson Mandela: ›Frei zu sein bedeutet nicht nur, seine eigenen Fesseln zu lösen, sondern ein Leben zu führen, das auch die Freiheit anderer respektiert und fördert.‹ Das ist dasselbe Konzept, das Erzbischof Desmond Tutu ›Ubuntu‹ nannte. Ich bin, wer ich bin, nur durch andere in der Gesellschaft. Am Ende sind wir Menschen, und darum geht es.«

DENIS GOLDBERG

»Am Ende wird der Kampf für Gerechtigkeit zum Erfolg führen. Egal, welche Opfer er fordert.«

AHMED »KATHY« KATHRADA

Lily Ebert, Auschwitz-Überlebende

»**W**ir wurden nicht als Feinde betrachtet, nicht als Menschen, für die Nazis waren wir nur Kakerlaken. Sie haben unsere Ermordung komplett industrialisiert.«

Ich unterhalte mich in einem ruhigen Raum des Holocaust Survivors Centre im Londoner Norden – es ist das erste seiner Art weltweit – mit Lily Ebert. Sie ist eine stolze, starke und eloquente Dame, aber als sie über ihre Erfahrungen in Auschwitz spricht, hält sie vielfach inne. Auch nach siebzig Jahren ist der Schmerz des schrecklichsten Genozids aller Zeiten immer noch lebendig. Wie Lily sagt: »Es ist sehr schwierig, etwas zu erklären, das unbegreiflich ist.«

»Die Glücklichen starben.« So fasst sie ihre Erinnerung an den Transport nach Auschwitz zusammen: Hunderte von Menschen waren ohne Essen und Trinken fünf Tage lang bei brütender Hitze in Viehwaggons eingepfercht, umgeben von den Leichen derjenigen, die es nicht geschafft hatten. Lily erinnert sich, was ihre Mutter tat, kurz bevor der Zug ankam. Sie tauschte mit Lily die Schuhe. Im Absatz war ein kleines Stück Gold versteckt, der letzte übrig gebliebene Familienbesitz. Vielleicht war es mütterliche Intuition, denn als sie in Auschwitz ankamen, teilte Dr. Mengele, der Engel des Todes, die Menschenmassen in zwei Gruppen ein: Eine Hälfte wurde nach links geschickt, das bedeutete den sofortigen Tod in der Gaskammer, und die andere nach rechts, wo ein langsamer Tod durch Verhungern im Lager auf sie wartete. Das Letzte, woran sich Lily erinnert, ist, wie ihre Mutter und zwei ihrer jüngeren Geschwister nach links geschubst wurden.

Im Lager mussten Lily und ihre zwei anderen Schwestern ihre Kleidung abgeben und erhielten stattdessen Lumpen zum Anziehen. Sie bekamen ein Stück Brot am Tag zu essen und lebten in Baracken, die zehnmal mehr Menschen beherbergten, als ihrer ursprünglichen Bestimmung entsprach. Jeden Tag gab es »Selektionen«, bei denen jeder, der nicht gesund genug für die Arbeit aussah, nach nebenan ins Krematorium geschickt wurde.

Lily sagt, das Schlimmste überhaupt sei der fürchterliche Gestank gewesen, der aus dem fabrikartigen Gebäude kam, dessen Schornstein rund um die Uhr rauchte. Erst als sie ein paar andere Lagerinsassen fragte, was dort produziert werde, erklärten ihr die Leute, dass das keine Fabrik sei, sondern man dort Juden verbrannte und dass der einzige Weg aus Auschwitz durch den Kamin führte. »Wir sagten ihnen, dass sie verrückt seien und dass wir ihnen nicht glaubten. Aber wir fanden sehr schnell heraus, dass es stimmte.«

Während sie diese Hölle durchlebte, gelobte Lily, dass sie den Rest ihres Lebens damit verbringen würde, den Leuten von Auschwitz zu erzählen – falls sie es irgendwie schaffen sollte, zu überleben –, damit so etwas nie wieder passieren könnte. Ein Versprechen, das sie zum tausendsten Mal einlöst, als sie mir heute ihre Geschichte erzählt. Dieses Ziel und die

Verantwortung, die sie für ihre zwei jüngeren Schwestern trug, gaben ihr einen Grund, am Leben zu bleiben – an einem Ort, an dem sie sonst vermutlich gestorben wäre.

Das ist der Hintergrund für einen der Ratschläge, die sie weitergeben möchte: »Habt immer Hoffnung, wo nichts zu hoffen ist. Ich war so weit unten, wie es nur geht, aber schau mich an, ich habe überlebt. Damals bin ich fast verhungert, und jetzt werde ich siebzig Jahre später von der Königin mit einer Medaille geehrt. Egal wie schlimm die Situation ist, tu, was du kannst, und gib nicht auf.«

Ihr wertvollster Ratschlag ist jedoch:

»Mach immer das Beste aus dem, was du hast, egal wie wenig es ist.«

Sie erläutert diesen Rat, indem sie von dem einen Stück Brot erzählt, das sie jeden Tag zum Überleben bekamen. »Einige im Lager konnten nicht das Beste daraus machen, sie aßen es sofort auf und träumten dann von etwas anderem, aber es gab nichts anderes. Das waren die, die nicht überlebten. Ich aß das Stück Brot immer so langsam wie möglich und versteckte etwas für den nächsten Morgen unter dem Arm. Und das hat mir geholfen zu überleben.«

Zum Schluss zeigt mir Lily stolz einen kleinen Goldanhänger an ihrem Hals, den sie an jedem Tag seit der Befreiung getragen hat. Es ist das Stück Gold, das ihre Mutter in dem Schuh versteckt hatte und das sie während ihrer ganzen Zeit in Auschwitz verbergen konnte.

Ich überlege, was dieses Stück Gold und seine Besitzerin gesehen und durchlitten haben. Den Hunger, die Grausamkeiten, die dunkelsten Seiten der Menschheit. Aber ich stelle mir auch eine Frage: Sie hat ihre Schuhe doch im Lager verloren, wie hat sie es also geschafft, das Stück Gold die ganze Zeit lang zu verstecken? Ihre Augen funkeln, und triumphierend sagt Lily: »Ich habe doch gesagt, man muss das Beste aus dem machen, was man hat. Das Einzige, was ich hatte, war das Stück Brot, also versteckte ich das Gold jede Nacht darin. Sie haben es nie entdeckt. Ich war klüger als sie.«

Lily Ebert: pures Gold.

»Mach immer das Beste aus dem, was du hast, egal wie wenig es ist.«

Lily Ebert

Herzensbrecher Richard Curtis

Wenn es Oscars auch in der Kategorie »Bester Mensch« gäbe, dann würde Richard Curtis sicherlich nominiert. Allerdings nicht für die große Zahl seiner Drehbücher – *Vier Hochzeiten und ein Todesfall, Notting Hill, Tatsächlich ... Liebe* und viele andere Klassiker stammen aus seiner Feder –, die den Massen großes Vergnügen beschert haben, sondern für sein jahrzehntelanges Engagement als Mitbegründer, Leiter und/oder Motor bei sozialen Initiativen wie Comic Relief, Red Nose Day, Deine Stimme gegen Armut und Live 8. Wie kein anderer hat er dafür gesorgt, dass Entwicklungshilfe und Wohltätigkeitsaktionen Teil des Mainstreams wurden.

Ich habe große Erwartungen an den Rat eines so noblen Menschen, besonders, weil er sagt, dass er im Vorfeld darüber nachgedacht und seine Weisheit zu Papier gebracht habe. »Hier ist es also«, sagt er, als er sein ledergebundenes Notizbuch öffnet. Er lehnt sich nach vorne, räuspert sich und liest vor:

»Erlaube deiner Mutter nicht, dir die Haare zu schneiden. Das ist wichtig.« Er schließt das Buch und lehnt sich zurück.

Er meint es mehr oder weniger ernst. »Meine Mutter hat mir einmal die Haare geschnitten, und ich habe drei Wochen lang nicht mit ihr gesprochen.« Diese Erinnerung führt zu einer weiteren Einsicht.»Und wenn du selbst Mutter bist, dann schneide deinem Sohn nicht die Haare, er wird dich hassen.«

Nicht nur dieser Frisuren-Tipp geht auf seine Kindheit zurück. Die meisten Kernaspekte seines Lebens sind jeweils durch einen unsichtbaren Faden mit einer Geschichte aus seinen jungen Jahren verbunden, die zum Vorschein kommt, wenn man daran zieht. Er gibt zu, dass er so viele Drehbücher für romantische Filme geschrieben hat, weil sein »Herz während seiner Studienzeit gebrochen wurde«, und dass der »glücklose Bernard«, der in jedem Film vorkommt, ein Insiderwitz ist, als Rache an dem Mann, der ihm damals die Freundin ausgespannt hat.

Als er sich in einem dieser verliebten Momente wieder einmal selbst bemitleidete, erzählte ihm sein Vater etwas, das seine Perspektive auf das Leben grundsätzlich veränderte.»Mein Dad berichtete mir davon, wie sein Leben mit achtzehn gewesen war: Er war ohne Vater aufgewachsen und putzte die Toiletten auf einem Schiff, um Geld zu verdienen. Durchaus wohlwollend verglich er das mit meinem Leben. Danach war ich geheilt. Ich habe gemerkt, wie relativ meine Probleme im Vergleich mit anderen sind, und diese Einsicht habe ich mir bewahrt.«

Eine andere väterliche Weisheit aus Kindertagen klingt in seiner Biografie ebenfalls nach: »Er sagte immer, dass man nicht glücklicher als glücklich sein kann.« Wenn du zufrieden bist und alles gut läuft, dann lass dich nicht davon stören, dass es noch besser sein könnte. »Lass dir einen wunderschönen Tag im Grünen nicht dadurch verderben, dass die Sonne nicht scheint.«

Wie bei seinen Filmen gibt es aber auch hier eine überraschende Wendung. »Ich sage das zwar, aber die meiste Zeit über bin ich ein eher unglücklicher Mensch.« Ich gehe davon aus, dass er scherzt, aber als ich protestiere, erklärt er, dass sein Herz jeden Tag wieder aufs Neue gebrochen werde, wenn er versucht, im Rahmen seiner Wohltätigkeitsprojekte Geld für die ärmsten Nationen der Welt aufzutreiben.

»Ich setze mich bei jedem Anruf enorm unter Druck. Wenn ich die Person davon überzeugen kann, etwas zu tun, dann überleben Kinder. Wenn nicht, dann nicht. Heute rief zum Beispiel ein netter Typ an, der sagte, dass er keinen Sketch übernehmen könne, und natürlich musste ich lügen und ihm versichern: ›Kein Problem, du hast ja letztes Jahr geholfen.‹ Aber innerlich sterbe ich.«

Die Erfahrungen beim Versuch, die Welt zu ändern, schlagen sich direkt in seinem Ratschlag nieder. Doch er spiegelt auch viel Frustration und Traurigkeit wider, weil die Leute gerne viel versprechen, was sie dann aber doch nicht halten.

»Man sollte nie daran zweifeln, dass man das Leben von Menschen verändern kann. Es gibt einen direkten Zusammenhang zwischen Ursache und Wirkung, zwischen dem, was wir hier machen, und dem, was dort passiert. Wenn du helfen willst, dann musst du allerdings auch wirklich etwas machen. Darüber reden reicht nicht. Mein Motto ist: ›Wenn du willst, dass Dinge Realität werden, dann musst du sie Realität werden lassen.‹ Denk dir was aus, ein Produkt, einen Slogan, einen Film, ein kleines Buch, einen Button, einen Hashtag, einen Red Nose Day ... Erfinde etwas, das so wundervoll ist, dass es die

Herzen und Köpfe der Menschen anspricht, sodass sie gar nicht anders können, als mitzumachen und zu helfen. Am besten sollte es auch noch lustig sein. Genau das mache ich die ganze Zeit.«

Und es gibt niemanden, der das besser macht.

»Man sollte nie daran zweifeln, dass man das Leben von Menschen verändern kann. Es gibt einen direkten Zusammenhang zwischen Ursache und Wirkung, zwischen dem, was wir hier machen, und dem, was dort passiert. Wenn du helfen willst, dann musst du allerdings auch wirklich etwas machen. Darüber reden reicht nicht. Mein Motto ist: ›Wenn du willst, dass Dinge Realität werden, dann musst du sie Realität werden lassen.‹ Denk dir was aus, ein Produkt, einen Slogan, einen Film, ein kleines Buch, einen Button, einen Hashtag, einen Red Nose Day … Erfinde etwas, das so wundervoll ist, dass es die Herzen und Köpfe der Menschen anspricht, sodass sie gar nicht anders können, als mitzumachen und zu helfen. Am besten sollte es auch noch lustig sein. Genau das mache ich die ganze Zeit.«

RICHARD CURTIS

Jude Kelly für alle

Als künstlerische Leiterin des britischen Southbank Centre, eine der größten und komplexesten Kultureinrichtungen der Welt, hat Jude Kelly eine überraschend einfache Beschreibung für das, was sie tut. »Ich erzähle Geschichten. Das habe ich mein ganzes Leben lang gemacht.«

Diese Aussage meint sie ganz wörtlich. Sie hat während ihrer Laufbahn mehr als hundert Theaterstücke inszeniert, unter anderem bei der Royal Shakespeare Company und im West End. Jetzt hat sie den wichtigsten Kultur-Job im Vereinigten Königreich. Aber alles begann damit, dass sie als kleines Mädchen Stücke im Garten hinter dem Haus aufführte und die Nachbarskinder als Schauspieler und deren Eltern als Zuschauer engagierte.

Diese frühen Theatererfahrungen verschafften ihr nicht nur Klarheit, was sie im Leben machen wollte – als sie elf war, erklärte sie, dass sie Regisseurin werden würde, seitdem arbeitet sie an der Umsetzung dieses Plans. Vielmehr prägten diese frühen Schritte auch sehr stark ihren Zugang zum Geschichtenerzählen: Kunst muss uneingeschränkt allen offenstehen. »Mir gefiel die Idee, dass die ganze Nachbarschaft zusammenkam, um die Stücke zu sehen, und ich war sehr verstimmt, wenn nicht alle da waren. Ich mag es nicht, wenn Menschen außen vor gelassen werden. Nicht nur ihretwegen, auch unseretwegen.«

Es ist ein zentraler Grundsatz, dem Jude seitdem immer treu gewesen ist: Sowohl die Bevölkerung vor Ort als auch ihre Kunst haben mehr davon, wenn alle beteiligt sind. »Wir brauchen Menschen mit unterschiedlichen Lebenserfahrungen, sodass wir uns ihre Geschichten anhören, etwas hinzufügen, sie verstehen und ihnen widersprechen können. Sie können anderen dabei helfen, sich nicht mehr verunsichert zu fühlen, wenn sie auf fremde Stämme treffen, und zu spüren, dass es sie bereichern könnte, wenn sie mit vielfältigen menschlichen Beziehungen experimentieren.« Kurzum, wenn man Kunst inklusiv gestaltet, fördert man Empathie und Zusammenhalt in einer Gesellschaft.

Die Tatsache, dass das Southbank Centre mit öffentlichen Geldern finanziert wird, bestärkt sie noch in ihrem Entschluss, wirklich jeden einzuladen: »Die ganze Gesellschaft zahlt in den Topf ein, also müssen auch alle etwas davon abbekommen. Das treibt mich an, und daran glaube ich.« Und sie lässt Taten folgen. An dem Tag, als ich das Southbank besuche, gibt es dort eine Jamsession für Eltern mit kleinen Kindern, einen indischen Performance-Künstler, ein klassisches Konzert mit geflüchteten Musikern, eine hämmernde Techno-Nacht, eine Shakespeare-Lesung mit Jeremy Irons, eine Beat-Boxing-Show, einen Zirkus, Stand-up-Comedy und einen Street-Food-Markt. Also für jeden etwas.

Jude ist außerdem auch Gründerin und Organisatorin von »Women of the World«, einem internationalen Festival für Frauen und Mädchen, das sich ihren ganz speziellen Problemen widmet. Das passt zu ihrer Mission der Inklusion, in diesem Fall mit klarem Fokus auf Geschlechtergerechtigkeit. Ihr Bewusstsein für dieses allgegenwärtige Thema wurde dadurch geschärft, dass sehr häufig junge Frauen zu ihr kämen, um »bei den Sachen, mit denen sie haderten, sie als Frau in einer Führungsposition um Rat zu fragen: Es geht um Themen wie Work-Life-Balance, Kinder bekommen oder nicht, die Art und Weise, wie man sie bei der Arbeit behandelt, wie sie von Partnern behandelt werden, Gewalt, Vergewaltigung, Online-Pornografie, Körperwahrnehmung und vieles mehr. Aber auch positive Geschichten, Dinge, die Frauen und Mädchen erreicht haben.« Also entschied sie sich, das Festival als Ort der Begegnung ins Leben zu rufen, um über diese Themen zu reden, positiv zu denken und zu ergründen, wie Geschlechtergerechtigkeit eines Tages aussehen könnte.

Anfangs gab es verblüffenderweise viel Widerstand. »Als ich mit dem Festival anfing, sagten die Leute: ›Echt? Haben wir Geschlechtergerechtigkeit nicht schon längst hergestellt?‹ Aber ich wusste, dass das Thema auf keinen Fall erledigt war. Und das war vor dem Anschlag auf Malala, bevor Boko Haram die nigerianischen Mädchen entführte und vor den Massenvergewaltigungen in Delhi. Wir müssen also den Stein aufheben und darunterschauen. Aber wir sollten auch die Dinge feiern, die erreicht worden sind, die positiven Geschichten, damit sie uns Durchhaltevermögen und Energie geben.«

Jude sagt, dass dieses Thema auch in der Kunst angegangen werden müsse. »Die meisten Theaterstücke, Filme, Romane und Kunstwerke in der Geschichte stammen von Männern. Und es gab immer den grundsätzlichen Zweifel, ob eine Frau im Vergleich zu einem Mann wahrhaftig kreativ sein könne.

Früher dachte man, na ja, Frauen bekommen Kinder, das ist ihre Form der Kreativität. Das ist eine Variation der Denkweise, dass schwarze Menschen starke Körper haben, aber nicht sehr klug sind oder Chinesen zwar sehr viel Intelligenz, aber keine Emotionen besitzen. Das sind zerstörerische Stereotype, die einer Hälfte der Menschheit eine patriarchale Machtstruktur aufzwingen, die über Jahrtausende vererbt und internalisiert wurde.«

Die tief sitzende Ungerechtigkeit zwischen den Geschlechtern zu thematisieren und zu überwinden ist viel mehr als ein bloßer Job. Mir scheint, dass dies die entscheidende Geschichte ist, die sie über ihr Leben erzählen will, und diesem Skript folgend, lautet ihr Ratschlag über und an Frauen:

»Frauen müssen ihr eigenes Potenzial wertschätzen. Frauen müssen sich selbst das Recht geben, auf jede erdenkliche Weise zu blühen, und dürfen sich nicht darüber definieren, wie liebevoll und bescheiden sie sind und wie oft sie bereit sind, beiseitezutreten, um jemand anderen zu unterstützen. Sie müssen sagen: ›Ich habe nur ein Leben, es wurde mir eingehaucht, und jetzt stehe ich hier und sollte es bestmöglich nutzen.‹ Was auch immer das für jede einzelne Frau heißt.«

»Frauen müssen ihr eigenes Potenzial wertschätzen. Frauen müssen sich selbst das Recht geben, auf jede erdenkliche Weise zu blühen, und dürfen sich nicht darüber definieren, wie liebevoll und bescheiden sie sind und wie oft sie bereit sind, beiseitezutreten, um jemand anderen zu unterstützen. Sie müssen sagen: ›Ich habe nur ein Leben, es wurde mir eingehaucht, und jetzt stehe ich hier und sollte es bestmöglich nutzen.‹ Was auch immer das für jede einzelne Frau heißt.«

Jude Kelly

Michael McIntyres drei Jas

Ich versuche mich am Telefon mit Michael McIntyre zu verabreden, dem kommerziell erfolgreichsten Comedian der Welt, aber ich schaffe es nicht: Er bringt mich zu sehr zum Lachen. Das beantwortet zumindest eine Frage, die ich mir schon immer gestellt habe, und zwar, ob professionelle Comedians auch dann lustig sind, wenn sie nicht auf der Bühne stehen. In diesem Fall lautet die Antwort: Oh ja.

Als wir es endlich schaffen, uns persönlich zu treffen, geht das so weiter. Michael bemerkt als Erstes, dass ich im Restaurant zu laut spreche, fast so laut wie ein Amerikaner, fügt er mit einem gekünstelt gehässigen Flüstern hinzu. Er gibt zu, dass er unter dem leidet, was er »Restaurant-Flüsteritis« nennt, das Bedürfnis, leise zu sprechen, das die britische Mittelklasse überkommt, sobald man an einem etwas schickeren Ort ist.

Überraschend komme ich beim Gespräch mit einem der lustigsten Männer der Welt schnell auf das Thema Geld zu sprechen: wie wichtig es ist, niemals mehr auszugeben, als man verdient, und wie man die Gefahren von Kreditkarten und Aufzinsung umgeht. Der Grund: Als Stand-up-Comedian mühte er sich anfangs nach Kräften ab und verschuldete sich zehn Jahre lang bis über beide Ohren, bevor ihm der Durchbruch gelang.« Mit dreißig stand es nicht gut um meine Karriere, und ich stand mit 40.000 Pfund in der Kreide. Ich saß in meinem Zimmer und hatte das Gefühl, dass mein Leben nicht wirklich mein Leben war, alles fand nur auf Pump statt: die Wohnung gemietet, die Möbel auf Kredit gekauft, ein Fernseher auf Raten ... selbst den Film, den ich mir gerade ansah, hatte ich nur ausgeliehen.«

Heute bietet das Stoff für Witze, aber damals war es nicht lustig. Die Gerichtsvollzieher kamen regelmäßig vorbei. Beim ersten Mal nahmen sie das Auto mit, dann die Möbel, dann die Elektrogeräte. Einmal war ein Mann mit einem Mikrofon dabei, der den Schuldeneintreiber begleitete. Als Michael wegen des Aufnahmegerätes nachfragte, erklärte er, dass er an einer Radio-Dokumentation über Gerichtsvollzieher arbeite. »Erst dachte ich: ›Dabei kann ich unmöglich mitmachen.‹ Aber dann sagte ich mir, dass das vielleicht der Durchbruch sein könnte, den ich suchte. Also gab ich mir Mühe, möglichst witzig zu sein, und dachte, wenn ich im Radio gut rüberkomme, wird sich vielleicht jemand bei mir melden.« Was hat ihn aus dieser Notlage dann auf die Bühne gebracht? Es geschah etwas Einfaches, Fundamentales: Lucas, sein erstes Kind, kam zur Welt. Laut Michael werden Comedians lustiger, wenn sie Kinder bekommen, hauptsächlich aus reiner Notwendigkeit. Bei ihm trat dieser Effekt sofort ein: Ein Gefühl von Verantwortung und der Versorgerinstinkt machten sich bemerkbar. »Ich dachte, ich tue alles, was nötig ist, um es zu schaffen, bevor er spricht. Ich will nicht, dass seine ersten Worte sind: ›Daddy, warum nimmt der Mann den Videorekorder mit?‹«

Die Motivation war also klar. Aber wie schaffen es Comedians ganz konkret, lustiger zu werden?

»Ich drehte deswegen völlig durch und begann, an sieben Abenden in der Woche aufzutreten. Für wenig Geld, umsonst, nur um zu üben, die Witze zusammenzubekommen und Bühnenpraxis zu sammeln. Ich wusste, wenn ich einen großen Lacher bekam, dann würde ich hart arbeiten, um den nächsten zu bekommen und dann noch einen.«

Mit der Zeit bastelte er ein Zwanzig-Minuten-Programm zusammen, das er für wasserdicht befand (»Ich konnte zwölf Leute in einem Kneipen-Hinterzimmer, die zunächst gar nicht richtig zuhörten, dazu bringen, dass sie vor Lachen weinten«), dann rief er den größten Comedy-Agenten an, lud ihn zu einem Auftritt in einen kleinen Club ein und absolvierte den besten und wichtigsten Auftritt seines Lebens.

Als er von der Bühne kam, sagte der Agent nur: »Du bist ein Genie.« Danach buchte er ihn für seinen ersten Fernsehauftritt. Und dann, bumm. Wie bei den meisten Erfolgsgeschichten, die über Nacht passieren, hatte er zehn Jahre gebraucht, um dorthin zu kommen.

Auf der Bühne oder im Fernsehen aufzutreten ist etwas einfacher für Michael geworden. Schließlich ist er heute der gefragteste Comedian des Landes. Aber immer, wenn er neues Material zusammenstellt, zieht er nach wie vor mit einem kleinen Programm an regnerischen Dienstagabenden durch schäbige Clubs. Und er kann sich noch gut daran erinnern, wie schmerzhaft es sein kann, wenn man kein Geld hat, wenn es nicht läuft, wenn alles ziemlich hoffnungslos erscheint. Sein Ratschlag richtet sich an alle, die sich gerade in dieser Situation befinden:

»Irgendwie musst du einen Weg finden, um an dich zu glauben, um weiterzumachen. Es reicht nicht, wenn du dir selbst sagst: ›Sei selbstbewusst.‹ Man kann nicht einfach selbstbewusst SEIN, man muss sich mit Menschen umgeben, die das Beste aus einem herausholen, die dabei helfen, Selbstvertrauen zu entwickeln. Für mich funktioniert es so wie bei Britain's Got Talent. Ich brauche meine drei Jas. Meine Frau, meine Mutter und mein Agent müssen alle sagen: ›Ja, das war gut.‹ Das bedeutet dann: Okay, das funktioniert, ich kann weitermachen. Ich führe meinen Erfolg darauf zurück: meine Frau, meine Familie, mein Unterstützernetzwerk. Meine drei Jas.«

Diesmal macht er keine Witze.

»Irgendwie musst du einen Weg finden, um an dich zu glauben, um weiterzumachen. Es reicht nicht, wenn du dir selbst sagst: ›Sei selbstbewusst.‹ Man kann nicht einfach selbstbewusst SEIN, man muss sich mit Menschen umgeben, die das Beste aus einem herausholen, die dabei helfen, Selbstvertrauen zu entwickeln. Für mich funktioniert es so wie bei Britain's Got Talent. Ich brauche meine drei Jas. Meine Frau, meine Mutter und mein Agent müssen alle sagen: ›Ja, das war gut.‹ Das bedeutet dann: Okay, das funktioniert, ich kann weitermachen. Ich führe meinen Erfolg darauf zurück: meine Frau, meine Familie, mein Unterstützernetzwerk. Meine drei Jas.«

MICHAEL MCINTYRE

Noella Coursaris Musunka, Modellbürgerin

Die Demokratische Republik Kongo ist ein in Staatsform gegossener Widerspruch. Sie besitzt mehr natürliche Rohstoffe als irgendein anderes Land der Welt, ist aber im Hinblick auf Bruttoinlandsprodukt und Lebenserwartung eines der ärmsten weltweit. Es gäbe genug schlummernde Wasserenergie, um den Großteil Afrikas zu versorgen, aber weniger als zehn Prozent der Haushalte haben Elektrizität. Im Westen hat die DR Kongo das Image eines kargen und kriegsgebeutelten Landes voller grausamer Verbrechen, dabei ist es eins der grünsten und schönsten Länder, die man sich vorstellen kann, und die Leute sind unglaublich freundlich und herzlich – das kann ich aus eigener Erfahrung bezeugen. Nicht nur, weil ich dort Zeit verbracht habe, sondern weil ich einer der Lieblingstöchter der Republik gegenübersitze.

Noella Coursaris Musunka, ein international arbeitendes Model, teilt ihre Zeit zwischen Modeshootings für *Vogue* und *Agent Provocateur* und ihrem zweiten Leben auf, in dem sie die von ihr gegründete Organisation Malaika leitet, die Ausbildung und Schulunterricht für junge Mädchen in der DR Kongo fördert.

Noellas Geschichte ist die Geschichte einer Frau, die harte Zeiten erlebt hat. Sie wurde als Tochter einer extrem armen Familie im Kongo geboren und verlor ihren Vater, als sie fünf Jahre alt war. In einem Land, in dem sieben Millionen Kinder nicht zur Schule gehen und die Lebenserwartung gerade mal bei achtundvierzig Jahren liegt, traf ihre Mutter die nachvollziehbare Entscheidung, sie nach Europa zu schicken und dort von einer Tante aufziehen zu lassen. Aber Noella hat ihre Kindheit und Herkunft nie vergessen und nutzt ihren Modelruhm, um sich als eine der aktivsten Fürsprecherinnen und Anwältinnen für ihr Geburtsland zu engagieren.

Dass sie ihre Karriere in der Modewelt so überzeugend mit dem Bildungsprojekt verbindet, liegt größtenteils an ihrem trotzigen Optimismus. »Ich bin eine Botschafterin für das Selbstbild, das ich mir für mein Land wünsche. Ich will, dass Kinder lernen, dass sie in einem fantastischen Land leben, auf einem fantastischen Kontinent – dass wir überhaupt keinen Grund haben, neidisch auf irgendjemanden zu sein.« Sie wünscht sich darüber hinaus, dass die Menschen im Kongo mehr von den Ressourcen des Landes profitieren könnten. »Wenn man im Kongo ein Flugzeug besteigt, dann sitzen dort viele Amerikaner, Engländer, Chinesen und Inder, aber kaum Afrikaner. Das ist Wahnsinn. Es scheint, dass sehr viele Menschen unsere Ressourcen zu schätzen wissen!« Sie lacht, meint es aber ernst.

Noella will dabei helfen, eine Ära zu beenden, in der Afrika immer für »minderwertig« im Vergleich zum Rest der Welt gehalten wird. Der Schlüssel dazu ist Bildung. »Durch gute Bildung können unsere eigenen Leute zu Agenten der Veränderung, zu Führern ihres eigenen Landes werden. Wir müssen mit dem Westen auf Augenhöhe zusammenarbeiten, daran mangelt es gegenwärtig.«

Sie brüstet sich nicht mit ihrer Arbeit. Letzten Endes sorgt sie nur dafür, dass lediglich Tausende von Kindern in einem Land, das Millionen im Stich lässt, eine Ausbildung bekommen. Aber es ist ein Anfang. Und sie benutzt ihre Stimme und ihre Karriere, um andere zu ermuntern, das Gleiche zu tun. Ihre Mission, andere zum Handeln zu ermutigen, sich zu engagieren, irgendetwas anstatt nichts zu tun, macht den Kern ihres Ratschlags aus.

»Du musst jede Stimme, die du in dieser Welt hast, nutzen. Wenn du stirbst, stirbst du ohne das Geld, das du besitzt, also spende es. Wenn du nur eine Stunde deiner Zeit geben kannst, dann tu das.«

»Du musst jede Stimme, die du in dieser Welt hast, nutzen. Wenn du stirbst, stirbst du ohne das Geld,

*das du besitzt,
also spende es.
Wenn du nur eine
Stunde deiner Zeit
geben kannst,
dann tu das.«*

Noella Coursaris Musunka

Frühstück mit Bill Gates

Von Edward Docx

Richards E-Mail landet am Montag um 8.47 Uhr in meinem Posteingang. Ob ich zum Frühstück mit Bill Gates gehen und ihn nach seinem Rat fürs Leben fragen könnte? Ich habe wie immer viel um die Ohren, aber das werde ich mir definitiv nicht entgehen lassen, also notiere ich, ohne weiter darüber nachzudenken, für Donnerstagmorgen »Frühstück mit Bill Gates« in meinem Kalender.

Richard und ich kennen uns seit fünfundzwanzig Jahren, und er ist einer meiner besten Freunde. Ich würde alles tun, wenn er mich darum bittet, egal wie unmöglich es ist. Er würde alles tun, wenn ich ihn darum bitte, egal wie unmöglich es ist. Das weiß ich so genau, weil wir uns ständig gegenseitig darum bitten, unmögliche Dinge zu tun und … sie dann auch tatsächlich machen. Unser Motto ist »Wo ein Wille ist, ist auch ein Weg«, und wir haben eine stillschweigende Abmachung, dass wir einander niemals hängen lassen. Jetzt hat er mich gebeten, Bill Gates zu interviewen, weil er selbst mit seinem Vater zum Grand Canyon fährt. Ich hätte es definitiv schlechter treffen können.

Donnerstagmorgen. Ich stehe um sechs Uhr auf. Der Kater war nicht geplant. Ich werfe einen Blick in meinen Terminkalender. Das sieht nicht gut aus.

Nach mühsamen Verhandlungen soll heute unser Haus verkauft werden, die Vertragsunterzeichnung ist für den späten Vormittag angesetzt (bisher habe ich noch kein neues Zuhause aufgetan, und für den Rest der Familie scheint das ein echtes Problem zu sein). Außerdem wird heute mein neuer Roman veröffentlicht – der erste seit vier Jahren, und da hängt eine Menge dran: Geld, Karriere, geistige Gesundheit. In ungefähr einer Stunde soll ich deshalb beim Radio sein, um über Vater-Sohn-Beziehungen zu sprechen – ein Thema des Buches. Außerdem sitzt mir die Abgabe von zwei übertrieben komplizierten Zeitungsartikeln im Nacken, und am Vormittag bin ich zum Signieren in verschiedene Buchhandlungen eingeladen. Mittags gebe ich ein Zeitungsinterview ... über meine Mutter, die sich als Russin entpuppt hat. Der politischen Partei, die ich bei ihrem Versuch unterstütze, den EU-Austritt des Vereinigten Königreichs zu verhindern, habe ich bis heute Abend noch zehn richtig witzige Ideen versprochen. Jetzt warten allerdings erst mal vier Kinder darauf, dass ich ihnen etwas zu essen mache, sie anziehe, zur Schule bringe und ... Oh, Gott, nein! Ich habe total vergessen, dass ich heute *mit Bill Gates frühstücke*.

Meine Frau ist bereits auf dem Sprung zur Arbeit. Ich glaube, sie hat etwas von Lissabon gesagt, wenn ich das richtig im Kopf habe, aber es ist peinlich, das jetzt nicht mehr zu wissen. Also nicke ich. Beiläufig zählt sie auf, was in den nächsten beiden Tagen (zusätzlich) zu tun ist. Nichts davon kommt bei mir an. Dann fragt sie mich nach meinen Plänen für den heutigen Tag. Ich treffe mich mit Bill Gates, antworte ich, zum

Frühstück. Der Computer-Typ. Reichster Mensch der Welt. Sie runzelt etwas skeptisch die Stirn. Zu viel Fantasie, denkt sie. Großartig. Wer holt die Kinder ab, fragt sie. Matthew, unser Nachbar, antworte ich. Jetzt fantasiere ich wirklich, denn in meinem Kalender steht, dass *ich seine* Kinder abhole. Viel Spaß, sagt sie zu mir. Bis Samstag … Tief durchatmen. Es ist alles machbar. Ich muss die Kinder einfach anderthalb Stunden vor Schulbeginn zur Schule bringen – das wird alle überraschen – und das Auto bei einem Supermarkt in der Nähe parken, um auf dem Rückweg Zeit zu sparen und dann weiter mit Bus, U-Bahn, Taxi, irgendwie …

Nach außen bin ich cool, aber innerlich vor Angst ganz flatterig, als ich mit zehn Minuten Verspätung zum Frühstück mit Bill Gates erscheine. Doch ich kapiere schnell, dass mein Zuspätkommen völlig egal ist. Warum? Weil niemand auf mich gewartet hat. Warum? Weil noch zweihundert andere Leute gekommen sind. Vielleicht auch zweihundertfünfzig. Das hier ist kein Frühstück im kleinen Kreis, wie ich dachte. Ich suche nach Richards E-Mail. Offenbar habe ich sie gelöscht. Mein Handy ist mein Feind.

Jetzt fängt es an zu piepsen. Es ist der Makler. Der Käufer hat sein Angebot gesenkt. Was gedenke ich zu tun? Dringend.

Richard hat sich anscheinend genauso wenig auf die E-Mails konzentriert wie ich. Bei ihm klang das (soweit ich mich erinnere) nach einem gemütlichen Frühstück, vielleicht ein Tisch zu sechst. Bill und ich tauschen Ideen über die Zukunft der Menschheit aus. Ich mache mir Notizen. Bill macht sich Notizen. Ein paar Männer im mittleren Alter nicken respektvoll. So was in der Art. Aber das hier ist eine andere Nummer. Es sind ein paar Hundert Schwergewichte aus Wirtschaft und Politik versammelt, die über die Weltlage diskutieren und zielstrebig Fruchtsmoothies schlürfen, umgeben vom Oligarchen-Chic des Hotels Vier Jahreszeiten.

Mein Handy meldet sich erneut. Ob ich früher zum Radio kommen könne ... Ich stöhne und verschiebe die Antwort auf später. Mir geht auf, dass genau das meine ganz persönliche Businessstrategie ist.

Keine Sorge. Ich muss nur David, den Organisator, finden. Richard wird ihm Bescheid gesagt haben. Also gehe ich zur Garderobe. Ich finde jemanden, der jemanden findet, der jemanden findet – eine Person attraktiver als die andere –, der mich zu David bringen kann. Wir machen uns auf den Weg. Ich erkenne mehrere Parlamentsabgeordnete. Einige Regierungsmitglieder, oder solche, die es waren oder gerne wären. Ein paar ehemalige Labour-Minister. Wo ist David? Ah, da steht er. Mit Bill. Bill Gates.

Inzwischen vibriert mein Handy alle zwanzig Sekunden. Die Sicherheitsvorkehrungen sind hoch. Wenn es hier Wärmebildkameras gibt, werden sie sich fragen, was zum Teufel in meiner Hose los ist.

David sieht aus wie ein gestresster Mensch, der Profi darin ist, so zu wirken, als sei er nicht gestresst. Ich kann es ihm nachfühlen. Er organisiert dieses Frühstück und hat alle wichtigen Menschen der Ersten Welt dazu eingeladen. Für einen Gastgeber muss es fürchterlich sein: Alles hat zu funktionieren. Du und ich, wir beide, Kumpel, wir beide. Die Frau, die mich hergeführt hat, möchte ihn nicht unterbrechen. Wir stehen nervös herum und versuchen so zu tun, als ob wir weder nervös wären noch herumstünden. Dann ein kurzer Augenblick, wie eine Lücke im Verkehr, niemand rechnet damit, dass jemand hineinschlüpfen könnte. Aber sie nutzt die Chance. Ihre Beherztheit gefällt mir.

»Hallo, David.« Ich lächele. »Ich bin Ed.«

»Ed?« Er dreht sich kurz von Bill Gates weg, Großmeister der menschlichen Moderne, reichster Mensch der Welt, Philanthrop und Retter unzähliger Menschenleben.

»Ich bin wegen Richards Sache hier.«

Davids Gesicht bleibt völlig ausdruckslos.

»Richards Sache«, füge ich eloquent hinzu. »Die eine wichtige Sache. Also, wenn du eine wichtige Sache sagen könntest. Zu jemand. Anderem.«

Seine Haltung drückt nicht direkt Verärgerung aus, dafür jede Menge Alter-ich-bin-gerade-megabeschäftigt-und-all-die-Leute-warten-und-das-ist-Bill-Gates-und-er-ist-meinetwegen-hier-und-wovon-*zum-Teufel*-sprichst-du?

»Ein guter Rat.«

»Ah«, sagt er. »Alles klar.«

Ich weiß nicht, ob er meinen oder Richards Namen kennt oder sich daran – oder an irgendetwas, was uns betrifft – erinnert. Mein Gefühl sagt mir, dass sein guter Rat für mich gerade ein etwas härter formuliertes »Geh weg!« wäre, aber das bleibt uns beiden zum Glück erspart, weil ihn jemand drängt, Bill in den Frühstücksraum zu führen.

Mein Handy meldet sich erneut. Ich muss reagieren. Das Radio will, dass ich nicht über *König Lear* und Selbstmord rede – sorry, sie meinen Sterbehilfe (weitere Themen des Buches). Können wir das telefonisch besprechen? Vielleicht ist Selbstmord, sorry, Sterbehilfe einfach kein gutes Thema. Fürs Radio.

In dem äußerst familiären Frühstücksraum stehen ungefähr zwanzig Tische, um die jeweils etwa ein Dutzend Personen versammelt sind. Viel weiter als an meinem Tisch kann man kaum von Bill entfernt sein. Ich sitze zwischen dem Chef einer Mutterbank und einem hünenhaften Mann aus Russland, auf dessen Karte steht, dass er Masseur und … Medium ist. Irgendwie muss ich es wieder zu David schaffen. Aber der hat sich neben Bill gesetzt, das Frühstück hat begonnen, und sie unterhalten sich über die Zukunft der Menschheit. In mir breitet sich Angst aus. Aber ich werde Richard nicht hängen lassen. Es ist immer noch alles möglich.

Während des Frühstücks beantworte ich heimlich Dutzende von E-Mails, während ich freundlich über Tarot und das kollabierende britische Pfund plaudere. Noch mehr Nachrichten. Meine Mailbox meldet sich ebenfalls. Die Schule: Eltern ist es nicht erlaubt, Kinder morgens beim Sicherheitspersonal abzugeben, bevor die Randstundenbetreuung beginnt – ist das klar? Der Makler – dringend: Ob ich seine E-Mail bekommen habe? Meine Frau am Flughafen: Warum senkt der Käufer das Angebot? Die *Sunday Times*: Melden Sie sich wegen des Artikels über Familien. Anwalt. Agent. Redakteur. Produzenten. Verleger. Noch mal Buchhandlung. Ich stecke das Handy ein. Ich muss Bill erwischen und dann so schnell wie möglich hier raus, Bücher signieren und dann zurück nach Westminster. Die Interviews erledige ich im Taxi. Es ist wahrscheinlich immer noch alles machbar.

Bills Vortrag beginnt. Anschließend gibt es eine Fragerunde. Großartig … Dann werde ich ihm die entscheidende Frage stellen können. Ich versuche zuzuhören. Bill ist ein fesselnder Redner. Wahrscheinlich sollte ich für irgendjemanden einen Artikel darüber schreiben, aber wann sollte ich das noch unterbringen? Ich habe mir unterdessen etwas einfallen lassen und beantworte alle E-Mails mit demselben Wortlaut, den ich immer wieder kopiere: »Bin beim Frühstück mit Bill Gates. Melde mich später.«

Fragen. Hände schießen nach oben. Meine zuerst. David hat das Saalmikro. (Hallo, David, hier drüben, hier bin ich …) Aber anscheinend sind die ganzen ehemaligen Minister und Abgeordneten aus Ober- und Unterhaus alle vor mir dran. Ich verrenke mich wie ein Verrückter, wie ein Kind, das den Lehrer unbedingt beeindrucken will. Ich muss drankommen. Ich muss. Ich habe angefangen zu schwitzen. Endlich sieht David mich. Mein Handy klingelt im lautesten Nicht-stören-Modus aller Zeiten. Entsetzt blickt er mich an. Er steuert an mir vorbei auf irgendeinen CEO zu. Langsam, Freundchen, nicht so schnell. Ich habe ihn erwischt. Er beugt sich zu mir herunter und verhält sich, als kümmere er sich um einen Betrunkenen ganz hinten in der Kirche.

Ich flüstere: »Soll ich meine Frage jetzt oder später stellen?«

»Später«, sagt er vertraulich. »Am Ende.«

Geschafft! Er weiß Bescheid! Er erinnert sich. Vielleicht *wollte* er sich einfach die ganze Zeit nicht erinnern. Aber er wird sich darum kümmern. Endlich.

Die offizielle Fragerunde ist zu Ende. Ich stehe auf. Ich bin bereit für ein Treffen mit Bill. Aber …

Oh, Mann! Was ist da los?

Bill *verlässt den Raum*. Was soll der Mist? Er geht sehr schnell. So schnell wie der reichste Mann der Welt. Überall um ihn herum sind Sicherheitsleute. Er steuert auf eine Nebentür zu. Hat David sein Versprechen vergessen? Er spricht mit jemandem auf der anderen Seite des Raumes. Er wird uns einander nicht vorstellen. Das darf doch nicht wahr sein! So läuft das nicht. Nicht mit mir.

Ich stürze urplötzlich durch den Raum, wie ein Actionheld im Kampfmodus, der fest entschlossen ist, seine Kinder zu retten. Kommt nicht in die Tüte, dass Gates geht, ohne mit mir zu sprechen. Da hat er sich den Falschen ausgesucht. Rich und ich, wir werden niemals ... Aber er nähert sich unaufhaltsam dem Seitenausgang. Bill, Bill, Bill – warte, Kumpel. Ich bin unterwegs. William!

Er erreicht die Tür. Mit kalter und schrecklicher Klarheit erkenne ich auf einmal, dass ich ihn niemals wiedersehen werde, wenn er jetzt durch diese Tür tritt. Wie eine menschgewordene Maschine steuere ich auf mein Ziel zu. Totale Konzentration. Niemand kann mich aufhalten. Die Leute wissen nicht, mit wem sie es zu tun haben. Ich benutze meine Ellenbogen. Ich rempele und trampele. Ich bin eine Rakete. Ich schaffe es. Schaffe es.

Ich bin fast da, als ... Bumm!

Security. Sie versperren mir den Weg. Sie haben *Angst* vor mir. Nein, nein, nein, nein, nein, nein. Ich bin kein Terrorist, Mann, ich bin ... Ich bin Schriftsteller. Das ist etwas völlig anderes.

Zu spät, Bill ist weg.

Aber es gibt noch eine andere Tür. Ich schlüpfe hindurch und bin in einem Korridor. Ich laufe los. Ich kann ihn sehen. Zehn Meter vor mir. Warten Sie, Mr. Gates. Warte, Bill. Richard, keine Sorge. Das passiert gerade nicht wirklich. Ich bin hier, Bill. Ich hole auf. Hole auf ...

Gates biegt ab. Ich folge ihm. Er betritt die Herrentoilette. Das ist es! Das ist meine Chance. Ich kann gut mit Leuten auf Toiletten. Ich habe einen beruhigenden Einfluss auf sie. Und wenn ich ihm die Frage am Pissoir oder unter der Kabinentür hindurch stellen muss, dann kann man es eben nicht ändern. Jetzt habe ich dich, Bill.

Mir wird erneut der Weg versperrt. Aber so was von. Massiv, groß, ernst, Security. Todernst. Diese Toilette kann ich auf keinen Fall benutzen, sagt er.

»Es tut mir wirklich leid, Sir«, sage ich, »es tut mir wirklich leid, aber ich muss ganz dringend Pipi.«

Ich weiß nicht, warum mir im Eifer des Gefechts »Sir« und »Pipi« rausrutschen – Letzteres sage ich sonst zu den Kindern. Doch der Sicherheitstyp ist unerbittlich. Okay, ich warte. Aber ich muss wirklich ganz dringend aufs Klo, Kumpel. Das ist dann alles deine Schuld. Wenn ich eine Pfütze hinterlasse. Alles deine Schuld. Stop! Bill verlässt die Toilette. Ich muss doch nicht Pipi. Ha! Ha! Irrtum, Kumpel. Ich hab dich reingelegt.

Ich bewege mich so schnell, dass ich auf den Überwachungskameras vermutlich nur verschwommen zu sehen sein werde – irgendeine fremdartige Kreatur, die man nur in Zeitlupe erkennen kann.

»Hallo, Mr. Gates«, sage ich. »Ich schreibe ein Buch, in dem ich Menschen wie Sie nach ihrem besten Ratschlag frage ... Na ja, nicht ich schreibe es. Mein Freund Richard. Verstehen Sie, das Buch mit der einen Sache? Richard? David? Hat er? Haben sie? Also, nein ... Aber so oder so, Richard kann heute nicht hier sein. Er ist mit seinem Vater unterwegs. Ich glaube, sie sind im Grand Canyon in ... ist das in Colorado? Oder Arizona? Kann ich mir nie merken. Ist auch egal. Jedenfalls, ja, ich bin Schriftsteller. Ich schreibe Bücher und Drehbücher und ...«

Wir gehen nebeneinander Richtung Fahrstuhl. Ich merke, dass er mir merkwürdigerweise zuhört. Ich bin mir nicht sicher, aber ich glaube, es war die Aussage, dass ich Schriftsteller bin, mit der ich ihn gekriegt habe. »Und ich bin sehr gespannt auf Ihre Antwort. Wenn Sie mit jemandem sprechen würden … Wenn Sie einem jungen Mann oder einer jungen Frau einen einzigen Ratschlag geben könnten …« Die Sicherheitsleute müssen mich dulden, weil Bill mir zuhört. Hinfort mit euch, ihr Trottel. Ich habe die Macht. Zwanzig Meter bis zum Fahrstuhl. Das reicht.

»Mr. Gates, wenn Sie einen Ratschlag für das Leben mit Ihren Mitmenschen teilen könnten – eine Sache, die Sie gerne weitergeben würden –, was wäre das?«

Bill Gates bleibt stehen. Bill Gates, der Gründer von Microsoft, der reichste Mensch der Welt, großer Philanthrop, de facto einer der Hauptarchitekten unserer Moderne, bleibt wie angewurzelt stehen und denkt intensiv über diese Frage nach. Wir sehen uns an. Alle um uns herum lauschen gebannt. Das wollen sie sich nicht entgehen lassen. So, ihr Idioten, jetzt seid ihr auf einmal ganz Ohr. Interessant, oder?

Und dann antwortet Bill Gates. Er sagt etwas so Überraschendes … das für mich persönlich so befriedigend ist … und so unerwartet … dass ich mich zusammenreißen muss, um ihn nicht zu küssen.

»Könnte ich nur einen Rat weitergeben, dann wäre es der Ratschlag, die Liebe zum Lesen zu pflegen. Das ist unsere Kerneigenschaft als Menschen. Sie ist das Tor zu allem anderen. Du wirst Teil von etwas. Sie erlaubt der Neugier, sich ihren Weg zu bahnen. Sie verbindet uns durch Raum und Zeit. Bücher und Lesen sind am allerwichtigsten. Ja, ich würde die Menschen vor allem an-

halten, eine Liebe zum Lesen zu pflegen. Fang so früh wie möglich an und lies immer weiter.«

Ein besonderer Augenblick. Von Mensch zu Mensch. Er lächelt mich an. Ich lächele zurück.
»Danke«, sage ich.
Dann nehmen ihn die Sicherheitsleute in die Mitte, und er ist verschwunden. Da fällt mir auf einmal ein: Heute erscheint mein Buch. Ich stehe alleine auf dem Korridor und fühle mich so glücklich wie schon lange nicht mehr. Jemand hat mir eine Nachricht auf mein Handy geschickt: »Herzlichen Glückwunsch zur Veröffentlichung.«

»Könnte ich nur einen Rat weitergeben, dann wäre es der Ratschlag, die Liebe zum Lesen zu pflegen. Das ist unsere Kerneigenschaft als Menschen. Sie ist das Tor zu allem anderen. Du wirst Teil von etwas. Sie erlaubt der Neugier, sich ihren

Weg zu bahnen. Sie verbindet uns durch Raum und Zeit. Bücher und Lesen sind am allerwichtigsten. Ja, ich würde die Menschen vor allem anhalten, eine Liebe zum Lesen zu pflegen. Fang so früh wie möglich an und lies immer weiter.«

BILL GATES

Mit Indra Nooyi durch die Nacht

Was tut man, wenn die – laut *Forbes*-Ranking – »mächtigste Frau der Welt« zum Essen einlädt? Man sagt natürlich zu. Die Frau, um die es ging, war Indra Nooyi, Geschäftsführerin von PepsiCo und Aufsichtsratsmitglied der US-Notenbank. Grund für die Einladung war die Tatsache, dass Innocent, das Fruchtsaftunternehmen, das ich mit zwei Freunden gegründet hatte, schnell gewachsen und, ohne dass wir es gemerkt hätten, auf dem Radar einiger großer Lebensmittel- und Getränkeunternehmen gelandet war. Indras Mitarbeiter riefen uns eines Tages an und sagten, dass sie uns gerne treffen würde. Sie schlugen ein Abendessen vor, wenn sie das nächste Mal nach London käme.

Es schien unhöflich abzusagen, und ich war neugierig, was man auf dem Kasten haben musste, um Chefin eines Unternehmens zu werden, das Geschäfte auf dem gesamten Globus machte, mit Hunderttausenden von Angestellten, die in ausnahmslos jeder Zeitzone operierten. Wie bewältigte sie das Arbeitspensum? Wie sah ihr Leben aus? Hatte sie einen guten Rat für mich? Das Treffen gab Antwort auf alle drei Fragen.

Anfangs plauderten wir höflich miteinander, tauschten Fragen wie »Und wie lange bleiben Sie in London?« und ähnliche

Phrasen aus. Interessanterweise stellte sich heraus, dass Indra noch am selben Abend wieder abreisen würde. Ihr Privatjet war aufgetankt und wartete darauf, sie von London nach New York zu bringen, sobald wir unseren Kaffee getrunken und einen Minzdrops gelutscht haben würden. Der Privatjet ihres Ehemanns, Boss einer großen internationalen Technikfirma, stand in New York ebenfalls bereit, um Richtung London loszufliegen. Sie hatten zwei Töchter und befolgten die Regel, dass ein Elternteil immer bei ihnen zu Hause sein sollte. Ihre Flüge stimmten sie ab, wenn sie abhob, würde auch er losfliegen. Ungefähr um 1.00 Uhr nachts würden sie sich irgendwo über dem Atlantik mit einer addierten Geschwindigkeit von tausend Meilen pro Stunde begegnen, wie die sprichwörtlichen (extrem schnellen) Schiffe in der Nacht. Ich fand das Bild beeindruckend. Genauso wie einen Haushalt mit zwei Jets.

Als wir über ihre Haltung zur Arbeit sprachen, zeigte sie große Leidenschaft. Sie liebte das, was sie tat, sehr und verbrachte viel Zeit damit. An einem Punkt unserer Unterhaltung fragte Indra: »Kennen Sie den Kick, den man bekommt, wenn man drei Nächte nicht geschlafen hat, weil man an einem Deal gearbeitet hat?« Ich musste zugeben, dass ich das Gefühl nicht kannte. Tatsächlich wusste ich noch nicht einmal, wie sich der Kick anfühlte, wenn man nur eine Nacht durchmachte, zumindest nicht für die Arbeit – eine Antwort, die sie einen Moment lang zu überraschen schien.

Sie erzählte mir, dass sie einmal acht Tage am Stück gearbeitet hätte, ohne schlafen zu gehen, so groß war der Deal, an dem sie saß. Ich fragte, ob das physiologisch überhaupt möglich sei, und im Kreuzverhör gab sie schließlich zu, sich in der achten Nacht doch fünfzehn Minuten lang auf dem Sofa ihres Büros ausgeruht zu haben. Bis heute weiß ich nicht, ob sie Spielchen mit mir spielte. Falls ja: Es hat funktioniert. Ich dachte, wenn es das ist, was man als internationaler Firmenboss braucht, dann backe ich doch lieber weiter lokale Brötchen.

Sie war eine großartige Gesprächspartnerin: charmant, eloquent, fesselnd und fähig, die überraschendsten Dinge zu sagen. Als ich sie nach ihrem Ratschlag fragte, wollte sie zunächst ein paar Führungstipps verteilen. Der eindrucksvollste war: »Ich lade meinen Vorstand einmal im Monat zu mir nach Hause ein, drucke Songtexte aus, und dann singen wir alle zusammen. Das kann ich wirklich von Herzen empfehlen.« Als ich sagte, dass ich nur einen einzigen, ihren wertvollsten Ratschlag wollte, empfahl sie mir das Folgende.

»Mach keinen Urlaub. Wenn du in mein Alter kommst, wirst du bereuen, dass du ihn genommen hast. Gib dir selbst pro Jahr maximal anderthalb Tage. Und nutz die Zeit, um Bücher über deine Branche zu lesen. Den Rest der Zeit solltest du einfach arbeiten.«

Das Erste, was ich dachte, war: »Wow, das ist wirklich der schlechteste Ratschlag, den ich je gehört habe.« Das zweite war: »Du solltest mehr Urlaub machen.« Ich wollte genau das gerade aussprechen, aber der dritte Gedanke erinnerte mich daran, dass sie »die mächtigste Frau der Welt« war, also schwieg ich, nickte und aß meinen Nachtisch.

»Mach keinen Urlaub. Wenn du in mein Alter kommst, wirst du bereuen, dass du ihn genommen hast. Gib dir selbst pro Jahr

maximal anderthalb Tage. Und nutz die Zeit, um Bücher über deine Branche zu lesen. Den Rest der Zeit solltest du einfach arbeiten.«

Indra Nooyi

Gipfelstürmer Ueli Steck

Die Eiger-Nordwand ist berüchtigt dafür, der schwerste Aufstieg der Welt zu sein. In der Bergsteigerwelt ist sie als »Todeswand« bekannt, eine kilometerhohe, gewölbte Klippe voller Eis, Geröll und großer Tragödien: Sie zu besteigen ist so schwierig und so gnadenlos, wie es klingt und aussieht.

Die beiden Menschen, die es als Erste versuchten, kamen dabei ums Leben. So erging es auch den nächsten vier Mutigen. Die Todesliste zählt mittlerweile 65 Opfer. Als es schließlich einer Gruppe gelang, die Nordwand zu bezwingen, brauchten sie dafür mehr als drei Tage. Ich erwähne diesen historischen Kontext, weil Ueli Steck, der Schweizer Kletterer, mit dem ich verabredet bin, es kürzlich in unter drei Stunden geschafft hat. Eine unvorstellbare Geschwindigkeit, die nur dadurch möglich wurde, dass er gegen alle Vernunft (und Schwerkraft) entschieden hatte, keine Seile zu benutzen. Dieser Erfolg war so ungeheuerlich, so beispiellos in der Geschichte des Bergsteigens, dass er nicht nur die Regeln des Kletterns neu schrieb, sondern auch die Gesetze der Physik.

Ich bin selbst Amateur-Kletterer (mit Betonung auf »Amateur«) und sage ihm, dass ich seine Entscheidung, ohne Seile zu klettern, schwierig finde. Schließlich sind sie die einzige Hoffnung auf Rettung, wenn man einen Fehler macht und abrutscht (was meiner Erfahrung nach oft passiert).

»Als ich anfing zu klettern, hörte ich immer wieder von Menschen, die ohne Seile auf den Berg gingen. Und ich dachte mir damals, das ist völlig verrückt, das werde ich nie machen. Aber es ist ein Prozess. Nach und nach versteht man vieles besser, verbessert sich auch selber ständig. Das treibt mich an.«

Aber was ist mit dem Zufall, den man nicht kontrollieren kann? »Den musst du einfach akzeptieren, du musst Vertrauen haben.« Und Angst? »Wenn ich klettere, habe ich keine Angst. Wenn du Angst hast, dann deshalb, weil du nicht gut vorbereitet bist.«

Das klingt vielleicht wie Angeberei, aber in Uelis Fall ist es das nicht. Arroganz ist seiner Meinung nach tatsächlich tödlich: Man muss sich vom Ego befreien, um sicher zu sein. »Du darfst keinen Druck verspüren, auf den Gipfel kommen zu müssen, andernfalls triffst du falsche Entscheidungen. An einem Klettertag sage ich mir immer: ›Ich gehe einfach los und schaue mal, wie weit ich komme.‹ Niemals denke ich: ›Ich werde es schaffen.‹ Und wenn ich ein schlechtes Gefühl habe, dann steige ich einfach wieder runter. Ich glaube, wenn man sich daran hält, dann macht man auch keine Fehler.«

Mit Uelis Klettermethode sind tatsächlich keine Fehler möglich.

»Ich setze alles auf eine Karte. Damals am Eiger, da musste ich mich schnell bewegen, also habe ich mir jeweils nur einen einzigen Schlag mit dem Eispickel zugestanden. Kein Kompromiss, kein zweites Mal. Jedes Mal voller

Einsatz, wenn ich den Pickel einschlug. Und es funktioniert, man konzentriert sich und schlägt präzise zu.«

Es ist eine Denkweise, die alles auf den Kopf stellt, was andere Menschen tun würden: Wenn man sich in mehreren Kilometern Höhe an einer vertikalen Felswand befindet und das ganze Körpergewicht an einem einzigen Eispickel hängt, dann würde man normalerweise überprüfen wollen, dass er hält. Ueli dagegen nutzt die Vorstellung, was passieren würde, wenn er nicht hielte, um sich gleich beim ersten Mal so stark zu konzentrieren, dass er den Eispickel korrekt setzt. Das ist bereits fortgeschrittene Psychologie.

Vielleicht ist es Uelis Einstellung gegenüber den denkbaren Konsequenzen, die diesen Grad der Hingabe ermöglicht. »Wenn ich es versaue, dann ist es vorbei. Dann bin ich tot und muss nicht mit meinem Fehler leben.« Überraschenderweise wäre ihm das sogar lieber als beispielsweise der Druck, den ein Firmenboss jeden Tag ertragen muss. »Wenn du in der Position etwas versaust, verlieren andere ihre Jobs. Und du weißt, es ist dein Fehler und du musst damit dein ganzes Leben lang klarkommen. Ich weiß nicht, ob ich das aushalten würde.«

Es ist diese abschließende Bemerkung, die die riesige Kluft zwischen mir und Ueli verstärkt. Ich habe den Eiger tatsächlich selbst bestiegen – dafür habe ich über die deutlich einfachere Westflanke zwei Tage gebraucht, wir hatten eine Menge Seile und Führer dabei. Und trotzdem gab es immer noch genug kritische Momente, in denen ich liebend gerne meine eigene Großmutter gefeuert hätte, um von dem verdammten Berg runterzukommen.

Aber ich beschließe, dass ich Ueli das nicht sage.

»Ich setze alles auf eine Karte. Damals am Eiger, da musste ich mich schnell bewegen, also habe ich mir jeweils nur einen einzigen Schlag mit dem Eispickel zugestanden. Kein

Kompromiss, kein zweites Mal. Jedes Mal voller Einsatz, wenn ich den Pickel einschlug. Und es funktioniert, man konzentriert sich und schlägt präzise zu.«

UELI STECK

Margaret Atwood, Kummerkastentante

Rückblickend war ich etwas besorgt, als ich anrief. Ich wollte ein Interview mit Margaret Atwood führen, der international renommierten und mit dem Booker Prize ausgezeichneten Schriftstellerin aus Kanada – eine Prophetin und Chronistin mit der gesammelten Weisheit von über vierzig veröffentlichten Büchern. Zur Vorbereitung las ich online ein paar Interviews, die zwei leider nicht ganz unwichtige Dinge enthüllten: Erstens hasst sie es, irgendwelche Favoriten zu benennen, und zweitens glaubt sie nicht an Ratschläge. Der Zweck meines Anrufs? Den Favoriten unter ihren Ratschlägen zu erfahren.

Anfangs läuft es nicht schlecht. Wir sprechen über die Pelee-Insel, eine winzige Landmasse im Erie-See südwestlich von Toronto. Sie hat kürzlich den jährlichen »Spring Song« dort organisiert, eine Mischung aus Birdrace und Buchveranstaltung, bei der Geld für das Pelee Island Heritage Centre gesammelt wird und man gleichzeitig auf die Zugvögel aufmerksam machen will, die die Insel nutzen, um ihre müden Flügel auszuruhen. Margaret kann sie gut verstehen: Die Insel bietet auch ihr Erholung und einen Ort, an dem sie ohne Ablenkung schreiben kann. »Die Einheimischen schicken alle

Touristen, die unser Haus suchen, zehn Kilometer weit in die falsche Richtung.«

Ich weiß, dass ich mich nicht lange hinter dem Inselthema verstecken kann, also erläutere ich ihr die Pläne für mein Buch und erkläre, dass ich gerne ihren besten Ratschlag hören würde. Sie antwortet wie immer schnell und konkret. »Oh, ich gebe niemals einen Rat, wenn ich nicht danach gefragt werde.« Die Antwort ist besser, als ich erwartet habe, also füge ich hinzu, dass ich ja genau das mache.

Das bringt die Unterhaltung aber leider nicht wie gehofft in Schwung. »Okay. Aber zu welchem Thema brauchen Sie meinen Rat? Ratschläge müssen spezifisch sein. Ich kenne Sie ja nicht, Sie könnten Hilfe beim Öffnen eines Einweckglases brauchen.« Ich erkläre, dass ich mit allzu widerspenstigen Deckeln klarkomme (unter heißes Wasser halten oder sanft gegen die Seite klopfen, um sie zu lösen) und eher nach einem Rat frage, den sie allgemein für besonders wichtig oder nützlich im Leben hält. »Ja, aber für wen? Wozu? Ein Ratschlag bezieht sich immer auf eine Person und eine Situation. Was wäre, wenn Sie unter Depressionen litten? Sie bräuchten dann ganz andere Strategien, um sich mit dem Leben zu arrangieren, und auch andere Ratschläge, die Ihnen helfen würden.« Ach, das hatte ich nicht erwartet. Ich weiß, dass fünfundzwanzig Prozent der Menschen an psychischen Krankheiten leiden und würde niemals behaupten, dass ein oder zwei weise Sätze ihre Probleme lösen würden. Ich verstehe ihren Einwand, sage ich, aber angenommen, wir sprechen über die anderen fünfundsiebzig Prozent. »Okay. Sind diese Menschen in einer liebevollen Familie aufgewachsen oder nicht? Das hat einen weiteren großen Einfluss auf ihr Leben, und mein Ratschlag müsste davon abhängen.« Hm, was nun? Ich stimme ihr einerseits zu, dass ein paar gute Ratschläge nur ein schwacher Trost sind, wenn man als Kind nicht geliebt wurde, aber andererseits schwächt es meine Idee und das Buch, wenn ich keinen Rat von Margaret Atwood bekomme.

Ihr Ton beruhigt mich ein bisschen. Sie wirkt nicht, als wollte sie mich sabotieren, sondern scheint wirklich interessiert und möchte gerne helfen. Sie würde anscheinend freudig *alles* für mich tun, nur eine Sache nicht. Welch unglücklicher Zufall, dass es genau diese Sache ist, die ich von ihr möchte.

Ich beschließe, Gott zu Hilfe zu rufen. »Schauen Sie«, beginne ich, »wenn Sie sich zum Beispiel die großen Religionen ansehen, dann können Sie ihre wichtigsten Lehren auf ein paar wenige menschliche Verhaltensweisen herunterbrechen, die universell für alle zuträglich sind.«

»Ah ja, liebe deinen Nächsten, vergib anderen, so was in der Art?«

»Ja, genau«, ist meine enthusiastische Antwort. Ich hoffe, dass wir nun auf dem richtigen Weg sind. Mein Optimismus ist allerdings nur von kurzer Dauer.

»Das Problem ist, dass ich selbst eher der Rache-Typ bin. Wenn mich jemand angreift, bin ich allerdings meistens zu faul, um irgendetwas zu unternehmen. Ich überlasse das dann dem Karma.«

Religion hat also auch nicht funktioniert. Ich versuche es mit Psychologie. Ich berichte von Studien zu menschlichem Glück, die zeigen, dass Menschen, die anderen helfen, anschließend zufriedener mit sich sind. Ist da nicht etwas dran?

»Bestimmt, solange man es nicht übertreibt und sich selbst völlig vernachlässigt. Das hilft dann auch niemandem mehr.«

Ich beginne die unangenehme Wahrheit zu akzeptieren, dass ich es am anderen Ende der Leitung mit jemandem zu tun habe, der einfach eindeutig klüger und schneller ist als ich. Wenn man so will, trage ich ein verbales Fechtduell mit einer der größten lebenden Autorinnen aus und unterliege, was wenig überraschend ist.

Margaret merkt, dass ich an meine Grenzen stoße und beschließt, mir eine Verschnaufpause zu gönnen. »Sehen Sie«, erklärt sie.

»Ich bin Autorin. In meiner Welt dreht sich alles um die Figuren. Wer sind sie, wo sind sie? Sind sie alt oder jung, reich oder arm? Was wollen sie? Solange ich nicht weiß, womit sie zu kämpfen haben, kann ich ihnen doch keinen Rat geben.«

»Präsident Clinton hat es auch geschafft«, halte ich dagegen.

Das interessiert Margaret. »Oh, und was hat er gesagt?« Ich erzähle von seinem Rat, jeden Menschen wirklich zu sehen: die Person, die den Kaffee eingießt, die Person, die dir die Tür aufmacht. Ich sage, dass ich das für einen sehr allgemeingültigen Ratschlag halte. »Es sei denn, Sie sind ein Schriftsteller, der versucht, ein Buch fertig zu bekommen. Dann würde ich Ihnen sagen: Das Letzte, was Sie brauchen, ist es, Menschen zu sehen. Sie sollten dann besser zu Hause bleiben und arbeiten.«

Die Unterhaltung erinnert mich mittlerweile an ein Katz-und-Maus-Spiel. Und ich bin nicht derjenige, der schnurrt. Ich verlege mich aufs Bitten: Bei all dem, was sie gelernt hat, muss es doch etwas geben, das so wichtig ist, dass sie es gerne weitergeben würde.

»Okay. Ich habe etwas für Sie. Wie wäre es damit: ›Bei Kakteen stechen immer nur die kleinen Stacheln, nicht die großen.‹«

»Ist das eine Metapher für das Leben?«, frage ich hoffnungsvoll.

»Nein, nein, ich meine es ganz wörtlich. Ich war gerade im Garten und habe Unkraut gejätet, bevor Sie anriefen, und die kleinen Biester sind sehr schmerzhaft.« Ich erkläre, dass es für dieses Buch vielleicht ein bisschen zu speziell sei, aber dass ich es für ein zukünftiges Buch mit Gartentipps im Kopf behalten werde.

Ich weiß, dass mir kaum noch Zeit bleibt. Ich unternehme einen letzten Versuch. Margaret, die sich immer noch bemüht, mir zu helfen, bittet mich ein weiteres Mal, die Zielgruppe für den Ratschlag einzugrenzen. Ich gebe zu, dass ich nicht weiter darüber nachgedacht habe, die Zielgruppe sind alle anderen Menschen. Margaret lacht kurz und scharf auf. »Aber reden wir dann nicht von einem Buch voller trivialer Aussagen, das man auf dem Klo liest, voller Sachen wie: ›Wenn Sie mehr lächeln, werden Sie sich glücklicher fühlen‹?«

»Natürlich nicht«, antworte ich.

Aber im Stillen denke ich mir, vielleicht kann ich einfach das benutzen.

»Ich bin Autorin. In meiner Welt dreht sich alles um die Figuren. Wer sind sie, wo sind sie? Sind sie alt oder jung, reich oder arm?

Was wollen sie? Solange ich nicht weiß, womit sie zu kämpfen haben, kann ich ihnen doch keinen Rat geben.«

MARGARET ATWOOD

Der neue Tony Blair

Seit dem letzten Mal, als ich Tony Blair getroffen habe, gab es eine kleine Veränderung im Kleiderschrank. Damals war er noch in Amt und Würden und pflegte einen klassischen Premierminister-Stil: schicker Anzug, frisch gebügeltes Hemd, parteiloyaler Schlips. In der Post-Premier-Welt sehen die Dinge etwas lockerer aus: sportliches Jackett, Jeans, offener Hemdkragen. Dazu eine ziemlich gesunde Sonnenbräune. Das Leben danach scheint ihm gutzutun. Tony Blair sieht gut aus.

Ähnliches kann man auch über seine privaten Büroräume sagen, die sich in einer ruhigen Ecke des Grosvenor Square befinden. Sie sind wunderschön und stilvoll eingerichtet, tatsächlich schöner als die Räume in der Downing Street – ein echter Vorteil, wenn man sich das Gebäude selbst aussuchen kann und nicht umgekehrt.

Doch während sich die Dinge um ihn herum verändert haben, ist Tony Blair ganz der Alte geblieben. Nach wie vor geht eine elektrisierende Energie von ihm aus, dieses charakteristische Merkmal hat sich nicht verändert. Tony Blairs Enthusiasmus, Einsatz und Intellekt erzeugen eine Atmosphäre der vielversprechenden Möglichkeiten. In seiner Gegenwart hat man das Gefühl, dass die Dinge nur besser werden können. Seine bloße Anwesenheit ermutigt die Menschen, größer zu denken, härter zu arbeiten, mehr zu tun.

Glaubt man ihm, dann arbeitet er tatsächlich so viel wie immer und versucht einige der härtesten globalen Nüsse zu knacken – religiösen Extremismus, die Entwicklung Afrikas, den Friedensprozess im Nahen Osten. Was immer man von ihm halten mag, der Mann ist engagiert. Es wird nicht viel Golf gespielt.

Wir sprechen über seine Zeit als Premierminister. In meiner Wahrnehmung bedeutet der Job vor allem, jeden Tag unter starkem, gnadenlosem Druck zu arbeiten. Und dann, wenn man denkt, dass es nicht schlimmer kommen könne, taucht ein völlig neues Problem auf, mit dem man irgendwie auch noch klarkommen muss. Zudem versuchen die Gegner in Parlament und Medien auch die besten Intentionen so schlecht wie möglich darzustellen. »Wem sagen Sie das?«, fragt er vielsagend. »Ich könnte ein Buch darüber schreiben.«

Außer dem dauernden Stress und Druck, sagt er, hat man als Premierminister auch permanent »ein Gefühl innerer Ehrfurcht angesichts der Größe der Entscheidungen, die man an jedem Tag, in jeder Stunde trifft und die – wie man weiß – großen Einfluss auf das Leben der Menschen haben«.

Wie kommt man also mit dieser unerbittlichen Situation klar? Tony erläutert seinen Vier-Punkte-Plan, um als Premierminister einen ruhigen Kopf zu bewahren. Erstens: Sei dankbar für das, was du hast. Egal, wie groß der Druck ist, vergiss nicht, dass es eine große Ehre ist, diesen Job machen zu dürfen. Zweitens: Denk daran, du machst das freiwillig. Niemand zwingt dich, Premierminister zu sein (darauf wies ihn seine Frau Cherie immer wieder hin). Drittens: Glaube an das, was du tust, und an die Menschen, für die du es machst. Und viertens: Nimm dich selbst nicht zu wichtig. Du musst deinen Sinn für Humor bewahren. Behalte diese vier Dinge immer im Kopf, dann wird der Stress erträglicher.

Er plädiert außerdem für die Bewahrung dessen, was er »persönliches Hinterland« nennt: Zeit mit der Familie verbringen, Gitarre spielen (dafür ist er bekannt), Urlaub machen. Natürlich hat man als Premierminister nie wirklich frei. Auch im Familienurlaub hatte Tony Blair sein kleines Büro immer dabei. Während der zehnjährigen Amtszeit hat er nicht einen einzigen Tag komplett zur freien Verfügung gehabt. Er hat ständig gearbeitet, nicht zuletzt auch an seiner Sonnenbräune.

Es stellt sich die Frage: Hat es ihm eigentlich Spaß gemacht, Premierminister zu sein? »Spaß scheint mir im Zusammenhang mit dem Job immer ein seltsames Wort zu sein. Ich habe ein starkes Gefühl von Leidenschaft und Sinn dabei verspürt. Aber Spaß im Sinne von reiner Freude? Nur sehr selten, zum Beispiel als wir das Karfreitagsabkommen unterzeichnet oder die Olympischen Spiele gewonnen haben. Das fühlte sich gut an. Aber die größte Befriedigung entstand dadurch, dass wir mit dem Reformprogramm, das wir uns als Regierung vorgenommen hatten, vorankamen.«

Dieses Engagement für das Gemeinwohl, Leuten zu helfen und Dinge zu verbessern, ist offenbar ein innerer Motor, der ihn während der zehn Jahre angetrieben hat. Er hatte aber gar nicht immer Politiker werden wollen. Diese Berufung und sein Talent entdeckte er tatsächlich erst, als sein Schwiegervater ihn mit ins Unterhaus nahm. »Ich stand da in diesem großen Raum und hatte das Gefühl: ›Das ist der Ort, an dem ich sein möchte, das ist es, was ich machen muss.‹ Damals war ich ein ziemlich erfolgreicher Rechtsanwalt, aber dieses Gefühl hatte ich bei dem Job nie verspürt. Nachdem ich beschlossen hatte, dass ich Abgeordneter werden wollte, wachte ich jeden Morgen mit einer großen Zielstrebigkeit auf, die mich seitdem niemals verlassen hat.«

Das führt uns zu seinem Ratschlag.

»Menschen haben normalerweise nicht zufällig Erfolg. Wenn man Leute sieht, die etwas sehr, sehr gut können, dann werden sie meistens stark von dem angetrieben, was sie machen, und arbeiten richtig hart dafür. Also finde das, was dich mit Leidenschaft erfüllt, und tue es. Und wenn diese Sache auch anderen nützt, dann wird das eine sehr erfüllende Tätigkeit in deinem Leben sein. Die Dinge, die man für andere tut, sind letztendlich die, die am meisten Erfüllung bringen.«

»Menschen haben normalerweise nicht zufällig Erfolg. Wenn man Leute sieht, die etwas sehr, sehr gut können, dann werden sie meistens stark von dem angetrieben, was sie machen, und arbeiten richtig hart dafür. Also finde das, was dich mit Leidenschaft erfüllt, und tue es. Und wenn diese Sache auch anderen nützt, dann wird das eine sehr erfüllende Tätigkeit in deinem Leben sein. Die Dinge, die man für andere tut, sind letztendlich die, die am meisten Erfüllung bringen.«

TONY BLAIR

Ruthie Rogers und »la familia«

Ich bin an dem Ort, an dem sich die Ley-Linien von Architektur und Gastronomie begegnen: Es handelt sich um die Küche von Ruthie Rogers – Mitbegründerin des River Café und Bestsellerautorin, deren Kochbücher sich millionenfach verkaufen – in ihrem majestätischen Zuhause in Chelsea, das ihr Mann, der Architekt Richard Rogers, entworfen hat.

Die offene Küche ist das auffälligste Merkmal in dem tempelhaften Hauptraum, ein glänzender Edelstahlaltar, von dem Brot und Wein an hungrige, dankbare Mäuler verteilt werden. Im Hintergrund zischt und brummt es, und Ruthie taucht mit zwei pechschwarzen Profi-Espressos aus der Küche auf. Sie strahlt eine Wärme aus, die dem dampfenden Kaffee in nichts nachsteht. Sucht man die personifizierte Gastfreundlichkeit, dann ist man bei Ruthie richtig.

Das River Café ist ein Lobgesang auf die italienische Lebensweise, wo Essen und »la familia« aufeinandertreffen. Ruthie wurde zwar in Amerika geboren, aber ihr Mann stammt aus Florenz, und die regelmäßigen Urlaube bei der Familie haben Ruthies Leidenschaft für die italienische Küche geweckt. »Ich kam in die Küche von Richards Tante und traf dort zwei Schwestern, die sich darüber stritten, ob Pappa al pomodoro

Wasser enthalten sollte oder nur Tomaten. Diese Art von Diskussion gefiel mir sofort.«

Richards Mutter Dada teilte ihre Geheimnisse sehr gerne mit Ruthie. Sie verriet ihr, wie man kocht, isst und liebt. »Noch auf dem Sterbebett hat sie mir Tipps gegeben. Ihre letzten Worte an mich waren: ›Ruthie, ich möchte, dass du mehr Creme ins Gesicht und weniger Kräuter auf den Fisch tust.‹«

Inspiriert von dieser Kombination aus Liebe, Essen und Familie eröffneten Ruthie und Rose das River Café als »Restaurant, in dem wir die Art von Essen kochten, die wir in Italien bei den Leuten zu Hause aßen«.

Auch wenn es das River Café inzwischen seit mehr als zwanzig Jahren gibt und dort täglich Hunderte von Leuten essen, hat es doch denkbar klein angefangen. »Das ursprüngliche Restaurant war winzig, gerade groß genug, um dreißig oder vierzig Portionen am Tag zu servieren. Außerdem hatten wir von der Stadt lediglich die Lizenz für einen Mittagstisch von Montag bis Freitag, keine Abende, kein Wochenende, und ausschließlich für die Angestellten aus dem Bürogebäude, wo sich das Restaurant befand. Wir mussten Gäste also hineinschmuggeln und so tun, als ob sie dort arbeiteten.«

Ihnen ging es jedoch niemals um die Größe, sondern immer um die Qualität: Sie wollten das beste italienische Restaurant in London werden. Die authentische Küche sprach sich schnell herum, auch wenn Gäste praktisch nicht erlaubt waren. Der Aufmacher der allerersten Rezension (von Fay Maschler im *Evening Standard*) lautete daher auch: »Ich werde Ihnen von einem Restaurant berichten, in das Sie nicht gehen können«. Aber das Restaurant wuchs, so wie sie auch an Erfahrung wuchsen. Nach und nach kam mehr Platz dazu, die Auflagen wurden weniger streng, und schließlich entwickelte es sich zu dem großen, schönen Restaurant, das es heute ist. Darum rät sie in Bezug auf die Eröffnung eines Restaurants oder Unternehmens, dass man »klein anfängt, groß denkt und kontrolliert wächst«.

Entscheidend für den anhaltenden Erfolg ist es auch, genauso viel Wert auf die Qualität des Teams zu legen wie auf die saisonalen Zutaten, die auf den Tisch kommen. »Die Gäste sagen mir so oft, wie sehr sie das Essen mochten, aber niemals, ohne auch die großartige Mannschaft zu loben.« Ihr Rat ist:

»Gib und du bekommst zurück, was du gegeben hast. Behandle alle als Individuen, verstehe die Menschen und unterstütze sie. Ihre Arbeit ist das Ergebnis strenger Disziplin. Ich glaube fest daran, dass man bei der Arbeit mehr mit Hoffnung als mit Angst erreichen kann ... Die Vorstellung, Leute anzubrüllen und jemanden zu schikanieren oder einzuschüchtern, ist mir völlig fremd.«

Das River Café ist nicht nur wegen des familiären Umgangs etwas Besonderes, sondern auch weil es in einer männerdominierten Branche von zwei Matriarchinnen betrieben wurde: Ruthie und ihrer Geschäftspartnerin und Co-Küchenchefin Rose Gray. »Unser Verhältnis war ein ganz besonderes. Wir kochten zusammen, arbeiteten zusammen, schrieben zusammen, fuhren zusammen nach Italien, wir trugen sogar die gleiche Kleidung.« Die symbiotische Natur der Partnerschaft machte den Tod von Rose im Jahr 2010 noch schmerzhafter und schwerer zu verwinden. »Rose war eine sehr starke Person. Als sie starb, war es, als ob ich plötzlich alleinerziehend mit 85 Kindern war. Ich dachte mir, dass ich Roses Andenken am Besten in Ehren halten würde, wenn ich das Restaurant immer besser und besser machte.«

Ein Jahr später verlor Ruthie ihren 26 Jahre alten Sohn, der in Italien plötzlich einem Anfall erlag. Ruthie vergleicht es mit einem »Tsunami – eben noch sitzt du sicher am Strand und schaust aufs Wasser, dann trifft es dich, und du kämpfst gegen das Ertrinken.« Ich frage, ob es einen Rat gibt, den sie jemandem geben würde, der selbst ebenfalls von so einem Tsunami getroffen wird. Ihre Antwort verrät, wie schrecklich die Erfahrung war.

»Sosehr ich es möchte, denke ich, dass ich das nicht kann, weil die Leute mir damals Ratschläge gegeben haben und nichts davon geholfen hat. Das Einzige, was mir Kraft gegeben hat, war die Liebe für meine Kinder, die Nähe und der Zusammenhalt unserer Familie. Jedes Mal, wenn ich an einem dunklen Ort war, tauchte eines der Kinder auf. Wenn ich morgens nach unten kam, saß ein Freund auf dem Sofa. Sie waren einfach irgendwie immer für Richard und mich da.« Ein wunderschöner Beweis der Macht und Kraft ihrer engen Freunde und Familienmitglieder.

Ruthie bleibt bei der maritimen Analogie und sagt, dass nach fünf Jahren »das Wasser immer noch aufgewühlt ist. Aber du lernst, zu navigieren, du lernst, was du tun kannst und was nicht, du erkennst die Zeiten, für die du dich wappnen musst.« Und während es zu viel wäre, ihre Arbeit als Trost zu bezeichnen, so diente sie ihr doch oft zumindest als Ablenkung. »Das Kochen fiel mir tagsüber schwer, es war zu kontemplativ, ich stand da, rührte im Risotto und weinte. Abends war es besser, weil mehr los war.«

Die große Liebe und Zuneigung, die sie und Rose ihrem Team immer entgegengebracht hatten, sowie die Tatsache, dass alle stets freundlich behandelt, respektiert und ermutigt wurden, sorgte dafür, dass sie nun zumindest in einer Umgebung war, in der sie sich sicher fühlte. »Natürlich ist nichts wichtiger als deine Familie, deine Kinder, die Menschen, die du liebst. Aber ich denke beim River Café vermischen sich Arbeit und Familie, und wenn ich zur Arbeit gehe, freue ich mich, was für großartige Menschen dort sind.«

Sie hält einen Moment inne und denkt darüber nach, welche Rolle das Restaurant in ihrem Leben gespielt hat. »Die Leute sagen zu mir: ›Kaum zu glauben, du bist ja immer noch hier.‹ Und ich frage mich: ›Nun, wo würde ich denn sonst sein wollen?‹«

Für mich klingt das nach der ultimativen Erfolgsgeschichte.

*»Tu mehr Creme,
weniger Kräuter*

ins Gesicht und
auf den Fisch.«

Dada Rogers via Ruthie Rogers

Jony Ive sagt einfach Nein

Wenn es nicht gerade um Sport geht, ist es schwer zu sagen, ob jemand wirklich die Nummer eins in seinem Bereich ist. Wie soll man beurteilen, bei wem es sich um den besten Künstler, Schriftsteller oder Schauspieler auf der Welt handelt? Bei Jony Ive, Design-Chef von Apple Inc. und erfolgreichster Produktdesigner der Moderne, ist das anders. Er ist verantwortlich für jene Verbindung von Kunst und Technik, die Sie gerade in Ihrer Tasche tragen, und er hat mit dem berühmtesten Gründer aller Zeiten daran gearbeitet, das wertvollste Unternehmen aller Zeiten aufzubauen.

Er benimmt sich nicht so, wie man es von einem so bedeutenden Mann erwarten würde. Als ich ihn treffe, isst er gerade an einem Burgerstand Pommes. Es ist zugegebenermaßen der Burgerstand auf einer privaten Party, und es sind sehr gute Pommes, aber mit seinem außerordentlichen Erfolg geht auch eine große Bescheidenheit und Selbstironie einher. Das scheint ein Merkmal wirklich erfolgreicher und überzeugender Menschen zu sein: Sie sind tendenziell – mir fällt kein besseres Wort ein – nett. Er bietet mir sogar etwas von seinen Pommes an.

Ich lehne ab und frage ihn stattdessen nach seinem besten Ratschlag. Der ist weder originell noch besonders kompliziert, macht aber wahrscheinlich den allerwichtigsten Erfolgsfaktor aus – auf jeden Fall passt er zu dem klaren Fokus seiner Firma:

»Du musst dich wirklich konzentrieren. Mach nur eine einzige Sache. Und arbeite darauf hin, weltweit der Beste in diesem Bereich zu werden.«

Er gibt zu, dass er das nicht immer so gesehen hat. Wenn man ein so kreatives Gehirn hat wie Jony, dann gibt es tausend verschiedene Dinge, die man machen will. »Ich habe von Steve [Jobs] gelernt, wie wichtig es ist, sich zu fokussieren. Seiner Meinung nach muss man viel öfter ›Nein‹ als ›Ja‹ sagen. Er fragte mich wirklich jeden Tag, wozu ich ›Nein‹ gesagt hätte, um sicherzugehen, dass ich das auch oft genug tat, um mich nicht ablenken zu lassen.«

Das Schönste an dieser Geschichte ist Jonys Geständnis, dass er sich oft einfach Projekte ausdachte, von denen er Steve dann sagen konnte, dass er sie abgelehnt hätte. Diese Offenbarung bringt mich zu einer zweiten Einsicht über erfolgreiche Leute, seien sie auch noch so brillant: Wie alle anderen von uns schummeln sie manchmal ein bisschen.

»Mach nur eine einzige Sache. Und arbeite darauf hin, weltweit der Beste in diesem Bereich zu werden.«

Jony Ive

Erziehungstipps von
Baronin Helena Kennedy

»Die Leute fragen mich immer: ›Warum suchst du dir denn keine netten Klienten?‹«, erzählt Helena Kennedy, Kronanwältin Ihrer Majestät, eine der aktivsten und freimütigsten Verteidigerinnen von Bürger- und Menschenrechten im Vereinigten Königreich. Ehrlich gesagt kann man verstehen, was die Frage soll – die Liste ihrer Klienten besteht aus den kontroversesten Personen der jüngeren britischen Geschichte. Die Kindermörderin Myra Hindley gehört genauso dazu wie die IRA-Attentäter, die hinter dem Anschlag auf das Brighton-Hotel steckten, der Margaret Thatcher galt, sowie die Terroristen mit dem Flüssigsprengstoff, denen wir es verdanken, dass wir nur noch maximal hundert Milliliter Flüssigkeiten mit an Bord von Flugzeugen nehmen dürfen.

»Die Leute verstehen nicht, dass mir die Klienten egal sind. Ich identifiziere mich definitiv nicht mit ihren Meinungen und Handlungen. Aber wenn man rechtliche Standards aufgibt, weil man die Person auf der Anklagebank nicht mag, dann gibt man etwas auf, das Sie, mich und unsere Kinder beschützt – Schutz, den wir eines Tages vielleicht für jemanden in Anspruch nehmen möchten, der uns nahesteht. Und dann werden wir nicht wollen, dass Abkürzungen genommen werden.« Die Logik ist unbestreitbar, doch es bedarf einer sehr mutigen Person, um diese Argumente für einige der meistgehassten Menschen weltweit anzuführen. Persönliche Nachteile bleiben da nicht aus. »Ja, du machst dich nicht immer beliebt«, drückt sie es vorsichtig aus. »Aber man wird den Terrorismus nicht besiegen, indem man den Rechtsstaat zerstört und die Demokratie aushöhlt.«

In jüngster Vergangenheit hat sie oft die Notwendigkeit gesehen, sogar die eigene Regierung für die potenzielle Verletzung von Bürgerrechten zur Rechenschaft zu ziehen, auch wenn sie selbst als Labour-Abgeordnete im Oberhaus sitzt. »Ich beurteile das, was in den Blair-Jahren passiert ist, sehr kritisch. In den 1990er-Jahren hatten wir uns in Bezug auf die Menschenrechte in eine sehr positive Richtung entwickelt. Nach dem 11. September kam es dann zu unbarmherziger Menschenjagd, Inhaftierungen ohne Prozess, Entführungen und Folter sowie dem Versuch, Schwurgerichtsverhandlungen abzuschaffen. Es liegt in der Verantwortung von Menschen wie mir, das zu thematisieren.« Sie macht eine kurze Pause, trinkt einen Schluck Tee und bemerkt dann mit Nachdruck: »Ich diene dem Recht, nicht der Politik.«

Diese Veränderungen im Hinblick auf Menschenrechte und rechtsstaatliches Verfahren verdeutlichen eine unangenehme Wahrheit über Politik und Bürgerrechte, die sich durch die gesamte Geschichte zieht. »Menschenrechte sind niemals dauerhaft. Es ist wie bei Ebbe und Flut, sie gewinnen an Kraft, und dann ziehen sie sich wieder zurück. Die Mächtigen wollen ihre Macht ausnahmslos selbst behalten, also müssen wir stets wachsam sein. Wenn man solche Prinzipien allerdings verteidigt, dann muss man sich darauf einstellen, dass eine große Gruppe von Menschen sauer auf einen wird.«

Mich interessiert, woher sie ihre Kraft nimmt, dieser Verantwortung nicht aus dem Weg zu gehen, wie es die meisten anderen Menschen machen. Sie gibt mir eine tiefgründige Antwort, die mich als frischgebackenen Vater eines kleinen Mädchens dazu bringt, meine kleine Tochter später zu Hause noch mehr zu knuddeln, als ich das sowieso immer mache. »Ich hatte einen Vater, der mich liebte und dem es nicht schwerfiel, seine Liebe für mich auszudrücken. Ich fühlte mich anerkannt, ich fühlte mich geliebt, ich war selbstbewusst. Und das führte dazu, dass ich keine Angst hatte, also ging ich forsch und mutig hinaus in die Welt. Frauen, die so eine Verbindung mit ihrem Vater haben, können etwas aus ihrem Leben machen und die Welt erobern.«

Ich offenbare ihr meinen Glauben und meine Hoffnung, dass meine Tochter in eine Welt geboren wurde, die mehr und mehr eine Welt der Frauen sein wird. Helena stimmt mir zu, aber nur bis zu einem gewissen Grad.

»Wir sehen auf jeden Fall große Veränderungen beim Thema Geschlechtergerechtigkeit. Nicht zuletzt deshalb, weil eine neue Generation von Männern sich mehr um die Kinder kümmert und nicht mehr glaubt, dass Erziehung Frauensache ist. Aber letztendlich hängt es davon ab, von welcher Seite man es betrachtet. Für Frauen im Nordirak oder Kongo sieht es nicht so rosig aus, da ist das Leben immer noch ziemlich beschissen.«

Diese Antwort macht Hackfleisch aus meiner naiven Aussage.

Bemerkenswert an Helena ist die absolute Übereinstimmung ihrer persönlichen Überzeugungen mit ihren Handlungen. Es ist eine Sache, an Gleichheit und Menschenrechte zu glauben, und eine andere, sein Leben lang dafür zu kämpfen. Das passt völlig zu der Lebensphilosophie, die sie als ihren wertvollsten Ratschlag formuliert:

»Behandle alle gleich, unabhängig davon, welchen Status sie haben oder wer sie sind. Das wünsche ich mir für meine Kinder, ich möchte, dass sie das Gefühl haben, dass niemand besser ist als sie und umgekehrt. Das haben mir meine Eltern beigebracht. Behandle niemals jemanden so, als wäre er weniger wert, und akzeptiere es nicht, wenn dich jemand behandelt, als wärst du weniger wertvoll. Respektiere jede andere Person als Mensch.«

Und vergiss nicht, deinen Kindern zu sagen, dass du sie liebst.

»Behandle alle gleich, unabhängig davon, welchen Status sie haben oder wer sie sind. Das wünsche ich mir für meine Kinder, ich möchte, dass sie das Gefühl haben, dass niemand besser ist als sie und umgekehrt. Das haben mir meine Eltern beigebracht. Behandle niemals jemanden so, als wäre er weniger wert, und akzeptiere es nicht, wenn dich jemand behandelt, als wärst du weniger wertvoll. Respektiere jede andere Person als Mensch.«

Helena Kennedy

Lord Waheed Alli, Held der Herren

Ich befinde mich im Büro von Lord Waheed, einem der erfolgreichsten Medienunternehmer des Vereinigten Königreichs – *The Word*, *The Big Breakfast* und *Survivor* sind alle seinetwegen auf unseren Bildschirmen gelandet. Außerdem ist er das erste offen schwule Mitglied des Oberhauses und, am wichtigsten, einer der aktivsten Fürsprecher für die Rechte Homosexueller.

Dies ist kein normales Büro. Es ist wunderbar sinnlich. Wir sitzen in Sesseln, die so plüschig und weich sind, dass man sie die ganze Zeit streicheln möchte, es gibt frischen Kräutertee von einem Tischchen, auf dem Lord Allis Füße in Sportschuhen ruhen, und die Wände sind komplett mit Ölgemälden bedeckt, die bei näherem Hinsehen ausschließlich majestätisch blickende und Vatermörder tragende junge Männer aus vergangenen Zeiten zeigen.

Ich nehme an, dass die Ölgemälde ein paar entfernte Verwandte darstellen, und sage ihm das.

»Nein, nichts dergleichen. Ich bin vor Kurzem fünfzig geworden und habe Freunde und Familie gebeten, mir Bilder von gut aussehenden Männern aus dem 18. Jahrhundert zu schenken. Manche Menschen sehen sich gerne Blumen an. Ich schaue mir gerne Männer an. Also habe ich sie mir einfach an die Wand gehängt.« Die Freimütigkeit der Antwort sollte mich eigentlich nicht überraschen. Lord Alli stellte während einer Debatte im Oberhaus, in der es um die Senkung des Alters bei der Zustimmung zu gleichgeschlechtlichem Sex ging, klar: »Meine Sexualität hat mich nie verwirrt. Verwirrt haben mich immer nur die Reaktionen anderer Leute darauf.«

Es ist kaum zu glauben, wie viel sich für die Rechte Homosexueller verändert hat, seitdem Tony Blair Lord Alli zum jüngsten Oberhausmitglied aller Zeiten ernannt hat. Er war von Anfang an entschlossen, alles zu tun, um die rechtliche Situation Homosexueller zu verbessern. Es begann mit der Gleichbehandlung bei der Zustimmung zu gleichgeschlechtlichem Sex, dann folgte jedes Jahr eine neue Initiative: die Abschaffung von Sektion 28 (welche Literatur über Homosexualität an Schulen verbot), Adoptionsrechte für gleichgeschlechtliche Eltern, Gesetze, um die Diskriminierung von Homosexuellen im Bereich Waren und Dienstleistungen zu verhindern, eingetragene Partnerschaften, gleichgeschlechtliche Ehe, das Recht, in religiösen Gebäuden zu heiraten.

Seine Erfolge in Wirtschaft und Politik bilden eine beeindruckende Bilanz. Nicht schlecht für einen Sohn von Einwanderern, der mit sechzehn die staatliche Schule verlassen und einen Job annehmen musste, um seine Familie zu unterstützen, nachdem der Vater die Mutter verlassen hatte.

Wie hat er das alles hingekriegt?

»Na ja, es geht mit dem los, was man immer hört: hart arbeiten, Glück haben. Niemand hat ohne diese zwei Dinge Erfolg. Aber das Wichtigste überhaupt ist es, das Ziel im Auge zu behalten. Wenn ich eine Sache weitergeben könnte, dann diese. Mein unternehmerischer Erfolg rührte daher, dass ich das Ziel im Auge behielt. Ich sagte mir, was auch immer kommt, ich werde so gute Programme machen, wie ich nur kann. Mein politisches Leben: wieder das Ziel im Auge behalten – gleiche Rechte für Homosexuelle, egal, was in meinem Leben sonst noch so los war. Und darum geht es. *Kämpfe* gegen die Ablenkungen, komm immer wieder zu deiner Sache zurück, zu dem, was für dich am wichtigsten ist.«

Wir denken beide einen Moment lang darüber nach. Und dann fährt er fort.

»Als ich jünger war, behandelte man Homosexualität immer noch als etwas, wofür man sich schämen müsste. Das bedeutete, dass man Beziehungen im Verborgenen führen musste. Es war schwieriger, Sex zu haben. Ich wollte Gleichheit, damit sich niemand mehr schämen musste. Ich wollte es den Menschen einfacher machen, Sex zu haben. Ich mag Sex. Ich denke, die Leute sollten so viel Sex haben können, wie sie wollen.«

Das Ziel im Auge behalten, genau das ist es.

»Das Wichtigste überhaupt ist es, das Ziel im Auge zu behalten. Wenn ich eine Sache weitergeben könnte, dann diese. Mein unternehmerischer Erfolg rührte daher, dass ich das Ziel im Auge behielt. Ich sagte mir, was auch immer kommt, ich werde so gute Programme machen, wie ich nur kann. Mein politisches Leben:

wieder das Ziel im Auge behalten – gleiche Rechte für Homosexuelle, egal, was in meinem Leben sonst noch so los war. Und darum geht es. Kämpfe gegen die Ablenkungen, komm immer wieder zu deiner Sache zurück, zu dem, was für dich am wichtigsten ist.«

WAHEED ALLI

Olivia Colman macht sauber

Olivia Colman, eine der beliebtesten und gefragtesten Schauspielerinnen ihrer Generation, von Meryl Streep »gottbegnadet« genannt, möchte mir von ihrem großen Durchbruch erzählen. Ich nehme an, dass es darum geht, wie sie ihre erste Rolle bekommen hat. Aber es stellt sich heraus, dass sie von ihrem ersten Putzjob spricht, die Arbeit, mit der sie sich über Wasser hielt, während sie versuchte, als Schauspielerin Fuß zu fassen. »Als ich jünger war, übernachteten meine Mutter und ich einmal in einem Gästehaus in Cambridge. (Wir waren dort regelmäßig zu Gast, weil es in der Nähe des Krankenhauses lag, wo mein Vater war.) Eines Tages sprach die Besitzerin mich an und sagte, dass sie am Wochenende wegfahren wolle und ich so aussähe, als ob ich verlässlich sei und Geld bräuchte. Also würde sie mir die Verantwortung übertragen, die Zimmer sauber zu machen und mich um alles zu kümmern. Das tat ich, und es war wundervoll.«

Das ist zwar nicht die glamouröse Geschichte, die ich erwartet hatte, aber Olivia scheint ebenso stolz auf die Kritiken für das Putzen zu sein wie auf die Kritiken, die sie als Schauspielerin bekommt. »Ich war eine sehr gute Putzfrau, das haben viele bestätigt. Ich mochte den Job wirklich. Und ich war sehr ehrlich. Falls jemand eine versteckte Kamera hatte, dann wusste er, dass ich niemals in die Schubladen guckte.«

Bescheidenheit und Selbstironie sind typisch für Olivia. Während des Gesprächs bittet sie mich im Spaß, dass ich schreiben solle, im wirklichen Leben sei sie dünner und größer – was natürlich stimmt. Sie ist auf umwerfende Weise liebenswürdig. Trifft man sie persönlich, strahlt einem als Erstes ihr entwaffnendes, warmes Lächeln entgegen, das im Widerspruch zu den frechen Worten steht, die manchmal über ihre Lippen kommen, aber völlig zu der Persönlichkeit dahinter passt. Sie hat sogar ein tägliches Ritual, um diese Freundlichkeit zu pflegen: »Ich habe eine kleine Regel, die ich seit ungefähr zwanzig Jahren befolge. Wenn ich morgens das Haus verlassen habe, darf ich nicht zurückkommen, bevor ich etwas Nettes für jemand anderen getan habe. Das fühlt sich gut an und hilft dabei, nicht zu vergessen, wie viel Glück man selber hat.«

Vielleicht sind diese guten Taten ihre Reaktion auf etwas, das ein Lehrer zu Schulzeiten für sie gemacht hat. Olivia hatte nie daran gedacht, Schauspielerin zu werden. Aber ihr Englischlehrer überredete sie, für die Theatergruppe vorzusprechen, als sie sechzehn war. Selbstverständlich war sie begeistert. »Das erste Mal, als die Leute klatschten und lachten, war einfach großartig. Es war wie zum ersten Mal Drogen nehmen oder so, es war mein Heroin. Und ich dachte, wenn ich meinen Lebensunterhalt damit verdienen könnte, wäre das fantastisch.«

Damals dachte sie jedoch, dass das unmöglich sei. »Meine Mutter war Krankenschwester, mein Vater Sachverständiger, ich dachte, es sei ein alberner Traum, der nie Realität werden würde. Aber je älter ich wurde, desto mehr merkte ich, wie schlecht ich in allem anderen war. Und das half irgendwie, denn ich konnte mich auf nichts anderes stützen.« Olivia zählt die anderen Jobs auf, in denen sie sich ausprobierte. »Ich war eine schreckliche Lehrerin, Generationen von Kindern sind noch mal davongekommen. Dann habe ich Maschineschreiben gelernt, aber ich war eine fürchterliche Sekretärin. Zum Glück hatte ich die Putzjobs, sonst wäre ich verhungert.«

Anders als beim Putzen gab es bei der Schauspielerei keinen großen Durchbruch, sagt sie. »Es war eher eine langsame Entwicklung.« Die ersten fünf Jahre waren hart, ständige Vorsprechen, keine Rollen. »Aber es ist gut, dass ich jahrelang kein Glück hatte, ich weiß es so viel mehr zu schätzen. Ich kenne Geschichten von Schauspielern, die sich am Set schlecht benehmen und denen nicht klar ist, wie verdammt viel Glück sie haben. Ich würde gerne mit ihnen zusammenarbeiten, nur damit ich mal ein Wörtchen mit ihnen reden kann.« Das glaube ich ihr sofort.

Heutzutage wird ein bisschen weniger geputzt. Sie ist sehr gefragt, Regisseure verändern sogar Rollen, damit Olivia sie spielen kann. Bei der Fernsehproduktion von John le Carrés *Der Nachtmanager* war Olivias Figur ursprünglich ein Mann, aber für sie wurde der Part umgeschrieben. Dann erfuhr Olivia vor dem Vorsprechen die freudige Nachricht, dass sie zum dritten Mal Mutter werden würde. Also änderten sie die Rolle erneut, sodass sie bei den Dreharbeiten zu Olivia passte: im sechsten Monat schwanger.

Meiner Meinung nach ist diese Tatsache ein Zeichen dafür, wie sehr sie gefragt ist. Wie immer wischt sie das Lob beiseite und sagt, es rühre eher daher, dass die Gesellschaft sich weiterentwickle und es nicht länger akzeptabel sei, dass es nur

Männerrollen gebe. Und dass sie die Rolle noch mal umgeschrieben haben, um ihr ungeborenes Baby unterzubringen? »Na ja, auch Spione werden schwanger.«

Da sie sich ständig weigert, die Lorbeeren anzunehmen, und dazu noch gleichzeitig völlig bodenständig und liebenswürdig ist, kommt ihr Ratschlag nicht überraschend.

»Wenn du jemals das Glück hast, in dem Bereich erfolgreich zu sein, den du dir ausgesucht hast, traue nie dem Hype um deine Person und behalte im Kopf, dass das alles morgen vorbei sein könnte. Mach das, was du tust, so gut du nur kannst. Nimm den Job ernst, aber nicht dich selbst. Und sei vor allem umgänglich.«

Und wenn du Hilfe beim Putzen brauchst, weißt du, wen du anrufen kannst.

»Auch Spione werden schwanger.«

OLIVIA COLMAN

James Rhodes gibt nicht auf

Als ich den Konzertpianisten James Rhodes zum ersten Mal spielen hörte, wusste ich nicht, wer er war. Es war keine Musikveranstaltung, eher ein Theaterabend zu Ehren von *Letters of Note*. Auf der Bühne stand ein Konzertflügel, und als die Saalbeleuchtung ausging, schlurfte ein dünner, ungepflegter Mann in schwarzen Jeans und ausgetretenen Turnschuhen mit gesenktem Blick zum Flügel und sackte unter einem wirren Haarschopf über den Tasten zusammen. Oh je, dachte ich damals, der sieht nicht wie ein Pianist aus. Vermutlich hatten die meisten Leute im Publikum ähnliche Gedanken. Doch wenige Sekunden nachdem er angefangen hatte, dachten wir bereits anders, und noch ein paar faszinierende Sekunden später dachten wir an gar nichts mehr.

Viele Leute sagen, dass Musik ihr Leben verändert habe. In James' Fall hat sie sein Leben allerdings buchstäblich gerettet. Mit Ende zwanzig war er Patient in einer Psychiatrie. Hier fand man ihn eines Tages mit einer Schlinge um den Hals, die er einfallsreich aus dem Kabel einer Fernsehantenne gebastelt hatte, um einen Selbstmordversuch zu unternehmen. Während des absoluten Tiefs nach dem missglückten Versuch schmuggelte ein fürsorglicher Freund einen iPod mit den *Goldberg-*

Variationen in sein Zimmer. Wenn er der Musik lauschte, schwiegen die Dämonen, und James erinnerte sich daran, dass es vielleicht doch noch Dinge gab, für die es sich zu leben lohnte.

Dass James an jenem Tag versuchte, sich umzubringen, ist letztlich auf die brutalen Vergewaltigungen durch einen Sportlehrer zurückzuführen, die er von seinem fünften bis zu seinem zehnten Lebensjahr regelmäßig ertragen musste. Es war ein so extremes Martyrium, dass es physische Schäden an Wirbelsäule und Darm sowie noch tiefere und schlimmere psychische Traumata hinterließ. Man sollte ihm daher nicht nur zu seinen musikalischen Meisterleistungen gratulieren (der *Independent* bescheinigte ihm eine »echte poetische Gabe«), sondern auch zu dem viel entscheidenderen Erfolg, die inneren Attacken auszuhalten und am Leben zu bleiben.

Charakteristisch für James ist außerdem sein Humor. Bei unserem ersten Treffen bei Starbucks sage ich, dass es schön sei, ihn nach den ganzen Nachrichten und E-Mails endlich persönlich zu treffen. Daraufhin flüstert er mir zu: »Scheiße, Mann, sprich nicht so laut, sonst denken die Leute noch, wir sind für ein Tinder-Date hier.« Man kann sich großartig mit ihm unterhalten, auch wenn seine Wortwahl nicht unbedingt für zimperliche Menschen geeignet ist.

Ich erzähle ihm, dass sich der Raum völlig verändert hat, als ich ihn spielen hörte, aber er lässt nichts dergleichen gelten. Er hat sich über seinen Auftritt geärgert. Der Perfektionist in ihm ist niemals zufrieden. »Ich kann problemlos denken, dass ich's verkackt habe, weil ich bei einer von zehntausend Noten vier Gramm zu viel Druck auf die Taste gelegt habe und weil es ein winziges Mikrodezibel zu laut war.« Er ist in der Hinsicht wie besessen und kennt auf der Suche nach dem Unmöglichen nur ein Ziel: den perfekten Auftritt. Aber er beschwert sich nicht. »Musik ist die einzige Droge im Leben, die keine beschissenen Nebenwirkungen hat, sie kostet kein Vermögen, und ich habe die Möglichkeit, mich jeden Tag damit vollzudröhnen. Das klingt fast zu gut, um wahr zu sein. Aber es ist wahr, von daher weiß ich, wie viel Glück ich habe.«

Sein Zugang zu klassischer Musik ist von tiefem Respekt gegenüber den Komponisten geprägt und gleichzeitig erfrischend anarchisch gegenüber der Musikindustrie. Bei Sommerfestivals wie in der Royal Albert Hall erzählt er zwischen den Stücken persönliche Anekdoten über die einzelnen Komponisten und veröffentlicht Alben mit rebellischen Titeln wie *Bullets and Lullabies* oder *Razor Blades, Small Pills and Big Pianos*. Er ist ein Revoluzzer mit der Mission, Bach und Beethoven um jeden Preis für die Massen interessant zu machen.

Ursprünglich entdeckte James das Klavier als Zufluchtsort während seines Martyriums, aber nachdem er sich für die Universität und gegen die Musikhochschule entschieden hatte, hörte er mit achtzehn Jahren auf, Klavier zu spielen. Zehn Jahre lang rührte er es dann auch nicht mehr an. Es ist bezeichnend, dass die »zuckenden, juckenden Kobolde im Kopf« während der Zeit ohne Musik den meisten Schaden verursachten, der in seinem Selbstmordversuch gipfelte. Der iPod-Moment in der Psychiatrie brachte ihn zu dem Entschluss, dass er es zumindest mal in der Musikindustrie versuchen wollte. Er wollte Agent für klassische Pianisten werden und setzte sich mit einem sehr angesehenen Agenten in Verbindung, um ihn nach einem Job zu fragen. Während des Vorstellungsgesprächs ließ der Agent ihn Klavier spielen. Er hörte fünfzehn Minuten lang zu und sagte dann, er würde James nicht dabei unterstützen,

Agent zu werden, sondern er *müsse* stattdessen selber Musiker werden. Den Rest der Geschichte können Sie bald in einem Kino in Ihrer Nähe sehen (James' Autobiografie *Der Klang der Wut: Wie die Musik mich am Leben hielt* wird gerade verfilmt).

Ich gratuliere ihm zu seinem Erfolg und auch zu der Disziplin, die er als Konzertpianist an den Tag legt – jeden Morgen aufstehen, um den ganzen Tag zu üben, jeden Tag. Die Schärfe seiner Antwort überrascht mich.

»Das ist keine Disziplin. Ich liebe es, zu üben. Disziplin bedeutet pünktlich bei der Arbeit sein, pendeln, den Kredit abbezahlen, die Kinder anziehen, ihnen was zu essen machen und sie zur Schule bringen. Das ist Disziplin. Das ist Durchhaltevermögen. Und das ist etwas, was total unterschätzt wird, was unsichtbar und beschissen heroisch ist, wenn man einen knallharten Tag übersteht, ohne Belohnung und Applaus, wenn man sich eigentlich nur in die verdammte Fresse schlagen und von einem Gebäude stürzen will.«

Er ist im Grunde genommen ein Mann, der seinen Traum lebt, während er gleichzeitig einen Albtraum aushalten muss. »Ich weiß, wie geil mein Leben aussieht. Ich habe echt Schwein, das zu machen, was ich mache. Aber nach wie vor will ich immer noch öfter sterben als leben, und ich weiß, dass mich nur ein paar Pillen von der Psychiatrie trennen.«

Er weiß besser als die meisten Menschen, was es heißt, mit Dämonen zu leben. Ich frage ihn also nach seinem Rat für jemanden, der gerade selbst tief in einem Loch steckt.

»Natürlich kann man da all die *üblichen* Dinge aufzählen: Sprich mit Leuten, gib auf dich acht, bitte um Hilfe. Aber das ist alles Unsinn. Es macht überhaupt keinen

Unterschied. Ich denke, mein Rat ist eher ein Wunsch: Ich hoffe, dass du genug Glück hast, um schlechte Phasen zu überleben, weil alles auch wieder besser wird. *Überleb einfach. Überleb einfach* irgendwie.«

»Überleb einfach.

Überleb einfach irgendwie.«

JAMES RHODES

Die furchtlose Bischöfin Libby Lane

Religion ist Männersache. Zumindest war sie das in der Vergangenheit. Ich treffe die Person, die den Veränderungswillen der Church of England in diesem Bereich am besten symbolisiert: die Bischöfin von Stockport, auch bekannt als »Right Reverend« Libby Lane, die erste Frau, die im Vereinigten Königreich jemals zur Bischöfin geweiht wurde.

»Es ging dabei nicht um mich. Es war ein Moment der Veränderung, und ich war gerade zufällig zur Stelle«, so Bischöfin Lanes Interpretation ihrer Rolle bei der wohl bedeutendsten Entwicklung in der Geschichte der anglikanischen Kirche seit ihrer Entstehung.

Ihre Bescheidenheit ist echt. Es war nie ihr Ziel, Bischöfin zu werden. Die Kirchenväter fragten sie einfach. Sie nahm den Ruf an, käme aber ebenso wenig auf die Idee, den Ruhm dieses stillen, revolutionären Moments für sich zu beanspruchen, wie sie Jesus abschwören und sich dem Teufel zuwenden würde.

Wie meistens, wenn der Status quo erschüttert wird, traf auch ihre Ordination auf Widerstand. Sogar noch bei der eigentlichen Weihe, während der sich einige ihrer Bischofskollegen weigerten, ihr die Hände aufzulegen, und ein Priester seine Einwände live im Fernsehen aus dem Kirchenschiff nach vorne rief. Ich frage sie nach ihrer Meinung über ältere Kirchenmitglieder, die nach wie vor gegen Frauen als Bischöfe sind. »Ich denke, sie irren sich, aber ich zweifle nicht an ihrer Gottesfurcht und ihren christlichen Werten, und die Institution hat ihnen nicht zu Unrecht erlaubt, ihren Platz einzunehmen, weil Gott größer ist als wir alle.« Libby hält inne und fügt dann mit etwas mehr revolutionärem Geist hinzu: »Wenn das Jüngste Gericht kommt, stellt sich möglicherweise heraus, dass sie recht hatten und ich das nicht hätte tun sollen, aber damit kann ich leben.«

Das Aufblitzen dieser konstruktiven Unabhängigkeit, sogar Eigenwilligkeit, ist nicht einmalig, sondern einer von Libbys wesentlichen Charakterzügen. Und es fing früh an. Libby kam im Alter von elf Jahren zum ersten Mal durch einen Freund mit der Kirche in Berührung, denn ihre Familie war nicht religiös. Sie engagierte sich dann so stark, dass ihre Exzesse – eher beten als feiern – für ein junges Mädchen ziemlich untypisch waren. »Ich rebellierte nicht bewusst, sondern entwickelte eine unabhängige Identität, wie man das als Teenager eben macht. Und ich fühle mich gesegnet, dass ich dafür etwas nutzen konnte, das so konstruktiv und lebensbejahend und positiv ist.«

Der Grund für ihr Engagement war nicht, dass sie die Hand Gottes spürte, als sie zum ersten Mal eine Kirche betrat, sondern rührte einfach daher, dass sie von den Gemeindemitgliedern akzeptiert und anerkannt wurde. »Sie haben mich von Anfang an als eine von ihnen behandelt. Ich war nicht einfach nur ein elfjähriges Mädchen, ich war ich. Der Pfarrer merkte sich meinen Namen, und diese Kleinigkeit als Zeichen von Beachtung war für mich als Kind wichtig.«

Dadurch, dass sie als Jugendliche so viel Zeit in der Kirche und mit der Gemeinde verbrachte, entwickelte sich ein andauerndes Gefühl von Sinnhaftigkeit und tiefem Glauben. »Die Gemeinschaft war für mich ein Geschenk. Es war ein sicherer Ort, um zu entdecken, dass wir alle voneinander abhängig sind und dass wir nicht nur gegenüber Gott, sondern auch untereinander Verantwortung tragen. Ich lernte, dass ich mich um andere kümmern konnte, weil sich wiederum andere auch um mich kümmerten. Und dass ich gehalten und geschätzt würde, wenn ich bereit war, loszulassen und anderen Vorrang einzuräumen.«

Ich spreche mehr als zwei Stunden mit Libby Lane über Religion. Wir reden über jedes nur erdenkliche Thema im Zusammenhang mit ihrem Glauben, ihrem Gott, ihrer Kirche, deren Versäumnissen und Lehren. Ich habe noch nie jemanden getroffen, der ein so sanftes Wesen hat und gleichzeitig so entschlossen ist. Sie ist offen für Herausforderungen und doch fest im Glauben. Voller Wissen um die Probleme ihrer Organisation und gleichzeitig so erfüllt von deren fundamentalen Prinzipien. Ein solches Maß an innerem Frieden und Gewissheit habe ich noch bei niemand anderem erlebt. Mich beschleicht – um *Harry und Sally* zu zitieren – der Gedanke: »Ich will genau das, was sie hatte.«

In einem besonders stillen und bedeutenden Moment teilt Libby ihren tiefsten Glaubenssatz mit mir, der ihrem Leben, ihrer Identität, der Arbeit, dem Glauben und dem daraus resultierenden Gefühl von Frieden zugrunde liegt: Sie wird, wie wir alle, von Gott geliebt. »An allererster Stelle steht Gottes Respekt für uns. Und das gibt uns Selbstachtung, die nicht von äußeren Elementen abhängig ist. Das bedeutet, dass ich frei und mit mir selbst im Reinen bin und Sinn und Hoffnung habe.« Ihr Glaube ist so absolut, dass er ihr das Vertrauen gab, ihrem Ruf in die Kirche zu folgen, auch wenn es damals noch nicht so aussah, als ob Frauen jemals geweiht werden würden. Er half ihr auch über den Schmerz hinweg, von einigen der Älteren dieser verehrten Institution geächtet zu werden, als es schließlich doch möglich wurde. Sie tat all das einfach, weil sie, wie sie sagt, »nicht anders konnte«.

Als ich sie nach ihrem Rat frage, spiegelt ihre Antwort das tiefe Gefühl von Zugehörigkeit und Vertrauen, das Religion erzeugen kann, wider:

»In der Schrift steht immer wieder: ›Fürchte dich nicht.‹ Lebe nicht in Angst. Es ist normal, dass wir alle uns manchmal fürchten. Wir fürchten uns, alleine zu sein, zu versagen, nicht klarzukommen. Aber wenn wir unser Leben in Angst leben, dann schadet das uns, unseren Beziehungen, unseren Gemeinschaften. Wir brauchen etwas, das uns ein Gefühl von Sicherheit und Geborgenheit, von Zuhause gibt. Das entsteht, wenn wir akzeptieren, dass wir alle von Gott erkannt und geliebt werden. Wenn man diese Wahrheit zulässt, dann kann man frei von Angst werden, sodass man nicht in Angst lebt, sondern in Hoffnung und Dankbarkeit.«

»In der Schrift steht immer wieder: ›Fürchte dich nicht.‹ Lebe nicht in Angst. Es ist normal, dass wir alle uns manchmal fürchten. Wir fürchten uns, alleine zu sein, zu versagen, nicht klarzukommen. Aber wenn wir unser Leben in Angst leben, dann schadet das uns, unseren Beziehungen, unseren Gemeinschaften. Wir brauchen etwas, das uns ein Gefühl von Sicherheit und Geborgenheit, von Zuhause gibt. Das entsteht, wenn wir akzeptieren, dass wir alle von Gott erkannt und geliebt werden. Wenn man diese Wahrheit zulässt, dann kann man frei von Angst werden, sodass man nicht in Angst lebt, sondern in Hoffnung und Dankbarkeit.«

BISCHÖFIN LIBBY LANE

Alain de Botton,
Geisterjäger

Als ich an der Gepäckausgabe im Flughafen Heathrow vorbeikomme, wandern meine Gedanken – wie immer an diesem Punkt einer Reise – zu Alain de Botton, Autor und Philosoph des Alltagslebens. In seinem Buch *Airport: Eine Woche in Heathrow* (der Titel ist wörtlich zu verstehen, er verfasste das Buch, während er sieben Tage lang in Terminal 5 lebte, schlief und schrieb) beschreibt er die irrationale Vorfreude und darauf folgende Traurigkeit, die wir alle durchleben, wenn wir die Türen in den Ankunftsbereich passieren und insgeheim die Gesichter und Schilder der Wartenden mustern, in der Hoffnung, dass da auch jemand auf uns wartet, selbst wenn wir wissen, dass niemand kommt. Bis ich das las, dachte ich, dass es nur mir so ginge.

Das ist eines von tausend Beispielen für das, was Alain de Botton am besten kann: die fragile Sandburg der menschlichen Psyche Sandkorn für Sandkorn zu durchsieben und zu beobachten und uns zu versichern, dass das Kaleidoskop der Gedanken und Gefühle, das wir an einem typischen Tag durchleben, völlig normal ist und wir nicht verrückt sind. Oder zumindest nicht mehr als die anderen.

Sein Zuhause in Nordlondon, wo wir uns treffen, ist eine physische Manifestation seiner Arbeit. Es liegt in einer ruhigen Straße zwischen einer alten Kirche und einem Maleratelier. Es ist ein Ort philosophischen Innehaltens zwischen den Welten von Kunst und Religion – zwei von vielen Themen, über die er schreibt. Das ruhige Gartenzimmer, wo wir sitzen, ist wie gemacht für therapeutische Gespräche – zwei bequeme Sessel stehen einander gegenüber und laden zur Unterhaltung ein, eine Taschentuchbox und eine Liege sind ebenfalls vorhanden, falls die Dinge schwierig werden, und eine Bücherwand verleiht dem Ganzen eine beruhigend professionelle Atmosphäre.

Alain de Botton ist äußerst produktiv: Er hat dreizehn Bücher über Kunst, Sex, Arbeit, Beziehungen, Reisen, Religion und die anderen großen Themen, aus denen das Leben besteht, geschrieben. Außerdem hat er zahllose Dokumentationen moderiert und ein Lernzentrum namens »School of Life« gegründet, das Kurse anbietet, um mit den unterschiedlichen Problemen klarzukommen, die sich aus dem Menschsein ergeben. Er ist zweifellos ein Philosoph mit einer Mission. »Mein Ziel ist eine emotional gebildetere, glücklichere Gesellschaft, die aber auf keinen Fall ignorieren sollte, dass das Leben an sich tragisch ist.«

Eine seiner grundlegenden Annahmen ist, dass die meisten Menschen die großen gesellschaftlichen Probleme für politisch oder ökonomisch halten und wir die Bedeutung von Emotionen unterschätzen, weil sie »als irgendwie nicht ganz seriös und etwas fürs Wochenende« wahrgenommen werden. »Dabei geht es bei den seriöser klingenden Dingen wie Wirtschaft und Politik in Wirklichkeit zum größten Teil um menschliche Emotionen und das emotionale Funktionieren von Menschen.«

Außerdem ist es oft unsere emotionale Seite, die »Probleme wie Abhängigkeit, Trennungen, Angst, Wut, Frustration und all das andere alltägliche Elend verursacht, das die Menschen umtreibt«. Er fand es angesichts der Größe der Probleme merkwürdig, dass es keine einzige akademische Disziplin gab, die einen darauf vorbereitete, »was es heißt, eine emotionale Kreatur zu sein, die oft etwas außer Kontrolle ist«. Daher besteht seine Lebensaufgabe darin, Wege zu finden, mit denen wir uns selbst leiten und trösten können.

War das schon immer seine Bestimmung? War er bereits früh auf der Suche nach einer Navigationshilfe für die Bedingungen des Menschseins?

»Ich bin von Natur aus ein schüchterner, gehorsamer Mensch. Ich wollte eine normale Arbeit. Ich war ein Streber, ich befolgte gerne Befehle, ich passte mich gerne an. Aber ich wusste, dass das alles Augenwischerei war, es war alles Quatsch. Ich spielte das Spiel nur mit, um meiner ehrgeizigen Familie einen Gefallen zu tun und ein guter Junge zu sein. Aber als ich älter wurde, gab der Gedanke an eine normale Arbeit als Bilanzbuchhalter oder so was mir immer mehr das Gefühl, innerlich tot zu sein. Das verursachte eine Krise, als ich die Uni verließ und mich fragte, was nun?«

Seiner Meinung nach baut die Gesellschaft viel Druck auf – die Menschen sollen wissen, was sie wollen –, und dieser Druck kann eine blockierende Wirkung haben. Einige Glückspilze wissen von klein auf, was sie wollen, und andere sind völlig damit zufrieden, einfach irgendwas zu machen, um die Rechnungen zu bezahlen. Daneben gibt es aber eine große dritte Gruppe von Leuten, die spüren: ›Ich weiß, dass es etwas gibt, das ich machen möchte, aber ich weiß noch nicht, was das ist.‹

Und die Welt hat manchmal ziemlich wenig Geduld mit diesen Leuten. Solange man der Welt nicht sagen kann, was man ganz konkret tun will, wird man plattgewalzt.«

Alain de Bottons Ratschlag für ein erfüllteres Leben richtet sich daher direkt an die Leute aus der dritten Gruppe: »Finde die Sache, die dich antreibt. Das ist nicht leicht. Den meisten von uns fällt es schwer, uns selbst zu lesen. Aber ab und zu fangen wir undeutliche Signale auf, eine Art vages Verlangen, das von einem Geister-Ich zu stammen scheint, tief in uns, etwas, das sich weigert zu sterben, aber auch nicht richtig lebendig ist. Dieser Geist ist unser wahres Ich, das versucht herauszukommen. Halte Ausschau danach.

Wir müssen unser Geister-Ich in eine richtige Person verwandeln. Wir müssen den Geist zum Leben erwecken.«

Ich frage nach Tipps für Leute, die versuchen, ihren Geist zu finden. Überraschenderweise sollen Neid, Pessimismus und Tod bei der Geisterjagd helfen.

»Untersuche, worauf du neidisch bist. Es ist sehr unwahrscheinlich, dass wir wirklich eine komplette Person beneiden. Wenn man es herunterbricht, merkt man meistens, dass man andere Menschen eigentlich um spezifische Eigenschaften beneidet, zum Beispiel eine Begabung für Grafikdesign oder ihre Backkünste. Ausgehend vom eigenen Neid, kann man ein Modell des idealen Ichs konstruieren.«

Außerdem sollte man experimentieren und neue Sachen ausprobieren, und ein hintergründiger Pessimismus hilft dabei, den Druck zu reduzieren. »›Es wird sowieso alles schiefgehen‹ ist ein guter Ausgangspunkt, der uns hilft, mögliches Scheitern anzunehmen. Ich habe mich bei riskanten Unterfangen viele Male so beruhigt: ›Ach verdammt, es fliegt mir wahrscheinlich ohnehin alles um die Ohren, aber das ist in Ordnung.‹«

Zuletzt kann man auch noch den Tod zu Hilfe holen, wenn auch indirekt. »Man will den Leuten ja keine Angst machen, aber bekanntlich ist das Leben extrem kurz. Und wenn wir uns das vor Augen führen, sollte uns das beleben und uns von Lethargie befreien, wenn wir auf der Suche sind.«

Man sollte aber entspannt bleiben, wenn man nach alldem immer noch nicht weiß, was man machen soll. Alain sagt, es könne sein, dass die angstgetriebenen existenzialistischen Philosophen des 20. Jahrhunderts einfach recht hatten. Sie glaubten, dass wir alle bei großen Entscheidungen über unser Leben im Dunkeln tappen und nicht erwarten oder sogar Freude daran haben sollten, mehr herauszufinden. Letztendlich hätten sie einfach die Weisheit von Solon akzeptiert, der erklärte: »Kein Mensch soll vor seinem Tod glücklich genannt werden.«

Schon lustige Leute, diese Philosophen.

» Wir müssen unser Geister-Ich in eine richtige Person verwandeln.

Wir müssen den Geist zum Leben erwecken.«

                              Alain de Botton

Mit Shep Gordon im Dunkeln

Wir sind auf einem Kreuzfahrtschiff außerhalb von Miami. Es ist Mitternacht. An Bord befinden sich mehr als dreitausend Unternehmer. Das Ganze wird als Seminar auf See verkauft, in Wirklichkeit ist es ein Party-Wochenende, das nur dürftig als Konferenz getarnt ist. Aber die meisten von uns verzichten – ausnahmsweise – auf die Bars und Clubs und Restaurants. Stattdessen sitzen wir dicht gedrängt im Hauptsaal und hören ehrfürchtig einem Mann auf der Bühne zu, der Shorts, Sandalen und ein Bermudahemd trägt. Dieser Mann ist Shep Gordon.

Es gibt nur zwei Arten von Menschen auf der Welt: die, die Shep Gordon lieben, und die, die nicht wissen, wer er ist. Gehört man zur zweiten Kategorie, dann fängt man am besten mit *Supermensch – Wer ist Shep Gordon?* an, einer Dokumentation, die sein Freund Mike Myers über ihn gedreht hat. Sie beleuchtet das Leben eines der beliebtesten Männer und Manager Hollywoods, der seine Karriere in den 1970er-Jahren als strategischer Kopf hinter dem Aufstieg von Schock-Rocker Alice Cooper begann und inzwischen ein enger Berater des Dalai Lama ist. Neben vielen anderen bedeutenden Menschen.

Die Doku ist ein Lehrstück über Hedonismus, Freundschaft, Drogenkonsum, Management und Spiritualität. Wahrscheinlich hat niemand ein schnelleres und volleres Leben geführt, das stets dem Ziel gewidmet war, andere Menschen glücklich zu machen. Es ist, als ob man einen Film ansieht, der für den runden Geburtstag eines geliebten Menschen gedreht wurde. Doch statt der Verwandten, die ihre Zuneigung ausdrücken und zotige Geschichten von sich geben, tritt jeder Hollywoodstar auf, den man sich nur vorstellen kann.

Ich erwische Shep nach seiner Rede, die mit unendlich vielen Anekdoten von haarsträubenden Exzessen, tiefen buddhistischen Einsichten und großartig pikantem Klatsch gespickt war. Shep wirkte dabei wie ein Mann, der mit sich selbst völlig im Einklang ist. Der glücklich ist. Der tut, was er tun will. Das ist genau das, was er in seinem Ratschlag weitergibt.

»Mein Rat ist: Folge deinem Glück.«

Ich frage ihn, ob er das noch etwas erläutern könne.

»Wenn du ein gutes Leben willst, musst du herausfinden und dann ausschließlich tun, was dich glücklich macht.«

Und wenn du nicht weißt, was das ist?

»Dann rate ich dir Folgendes: Geh in einen Raum, einen dunklen Raum, ganz allein, jeden Tag mindestens dreißig Minuten lang. Und dann sitz dort im Dunkeln und denk nach. Behalte das bei, geh jeden Tag in diesen Raum, bis du herausgefunden hast, was dich glücklich macht.«

Ich frage ihn, was ihn glücklich macht, außer in dunklen Räumen zu sitzen.

»Mein Glück ist es, Menschen glücklich zu machen. Das habe ich mein ganzes Leben lang versucht.«

Die Antwort passt perfekt zu allem, was wir gesehen und gehört haben. Genau wie seine letzte Bemerkung:

»Und jetzt werde ich mich selbst glücklich machen, indem ich zurück in meine Kabine gehe, mich auf meinen Balkon setze und mir eine schöne große Tüte drehe.«

Shep Gordon: Supermensch.

»Folge deinem Glück. Wenn du ein gutes Leben willst, musst du

herausfinden und dann ausschließlich tun, was dich glücklich macht.«

Shep Gordon

Die jugendlichen Gehirne von Professor Sarah-Jayne Blakemore

Es kommt selten vor, dass man jemanden trifft, der wirklich weiß, wovon er spricht. Dr. Sarah-Jayne Blakemore, Professorin für kognitive Neurowissenschaft am University College London, ist so jemand. Ihr Spezialgebiet ist das jugendliche Gehirn, und sie ist eine absolute Expertin.

Seit fünfzehn Jahren beschäftigt Sarah-Jayne sich mit den neurologischen Aktivitäten von Teenagern. Wie innovativ ihre Arbeit ist, kann man daran sehen, dass sie abgelehnt wurde, als sie sich zu Anfang für Stipendien bewarb. Die Geldgeber waren der Meinung, dass das jugendliche Gehirn kein Forschungsgebiet sei. Im Klartext heißt das, dass die Untersuchung der neurologischen Entwicklung Jugendlicher damals praktisch Neuland war. Dank Sarah-Jayne hat sich das grundlegend geändert.

Es war naturwissenschaftliche Neugier, die Professor Blakemore überhaupt darauf brachte, eine Reise in das Gehirn von Teenagern zu unternehmen. Ihr ursprünglicher Forschungsbereich war Schizophrenie. Sie untersuchte Hunderte von Patienten, und ihr fiel dabei auf, dass alle angaben, die Symptome hätten im Alter zwischen achtzehn und sechsundzwanzig begonnen. Ihre Neugier war geweckt, und sie wollte wissen, was in den Jahren, kurz bevor die Probleme auftraten, mit dem Gehirn passierte. Als sie nach Informationen über das jugendliche Gehirn suchte, fand sie jedoch fast nichts. Also beschloss sie, die Teenager einfach selbst zu erforschen.

Dieses Unterfangen hat das allgemein als sicher geltende Wissen, dass das Gehirn in der Kindheit aufhört sich zu entwickeln und sich danach auch nicht mehr groß verändert, auf den Kopf gestellt. Sarah-Jayne und ihre Kollegen konnten dank der Untersuchung jugendlicher Freiwilliger im Kernspintomografen zeigen, dass das Gehirn im Teenager-Alter große Entwicklungen durchmacht. Veränderungen, die einige der typischen Verhaltensweisen in diesem Alter erklären: Risikobereitschaft, Beeinflussbarkeit durch Gleichaltrige, Befangenheit. Diese adaptiven Verhaltensweisen werden oft als »hormonbedingt« oder launisch abgetan, dienen aber einem fundamentalen evolutionären Zweck. Teenager müssen Risiken eingehen und von anderen beeinflusst werden, damit sie das Gefühl einer eigenen Identität entwickeln und sich von ihren Eltern abnabeln können. Die andauernden Untersuchungen jugendlicher Gehirne decken nach und nach die neurologischen Gründe für psychische Probleme wie Essstörungen oder Angst und Depression auf und lassen geeignete Behandlungen wahrscheinlicher werden.

Ihr Verständnis für Teenager ist durch die Arbeit stark gewachsen, und Sarah-Jayne hofft, dass das auch in der Gesellschaft passieren wird. »Die Untersuchungen haben meinen Blick auf Jugendliche völlig verändert. Ich fühle mich inzwischen als ihre Fürsprecherin. Sie müssen sich so viel Mist gefallen lassen, wir schreiben sie einfach ab und machen uns über sie lustig. Sie sind die einzige gesellschaftliche Gruppe, die man immer noch ungestraft stigmatisieren darf. Unglaublich viele

Leute, die ich treffe, sagen mir, wenn ich erkläre, dass ich jugendliche Gehirne untersuche: ›Ich wusste gar nicht, dass Teenager überhaupt ein Gehirn haben.‹ Über keinen anderen Teil der Gesellschaft würden wir solche Kommentare dulden.

Da sie das Innenleben von Teenagern besser versteht als jeder andere, frage ich sie nach ihrem Rat, wie man am besten mit jemandem umgehen soll, der diese schwierige Zeit gerade durchlebt.

»*Das Wichtigste ist ein bisschen Nachsicht. Mit fünfzehn sehen sie vielleicht wie Erwachsene aus, aber sie haben noch kein erwachsenes Gehirn, darauf sollte man Rücksicht nehmen. Und schreibt sie nicht ab. Niemals. Wer jetzt wenig Lernfähigkeit zeigt, kann sich immer noch mausern: Das Gehirn wird sich noch weiterentwickeln, und was heute ein Sieb ist, könnte morgen ein Schwamm sein. Gebt ihnen Zeit und Raum, damit das Gehirn seinen Job machen kann. Drängt sie nicht. Ihre erwachsenen Gehirne werden es euch danken.*«

»Das Wichtigste ist ein bisschen Nachsicht. Mit fünfzehn sehen sie vielleicht wie Erwachsene aus, aber sie haben noch kein erwachsenes Gehirn, darauf sollte man Rücksicht nehmen. Und schreibt sie nicht ab. Niemals. Wer jetzt wenig Lernfähigkeit zeigt, kann sich immer noch

mausern: Das Gehirn wird sich noch weiterentwickeln, und was heute ein Sieb ist, könnte morgen ein Schwamm sein. Gebt ihnen Zeit und Raum, damit das Gehirn seinen Job machen kann. Drängt sie nicht. Ihre erwachsenen Gehirne werden es euch danken.«

Sarah-Jayne Blakemore

Mit Lawrence Dallaglio siegen

»Verlieren ist ekelhaft. Daran ist wirklich überhaupt nichts Positives. Wenn du auf meinem Niveau Sport treibst, dann hasst du es, zu verlieren. Es führt dazu, dass du dich krank fühlst.«

Ich widerspreche nicht, unter anderem, weil man sich mit einem Mann von seiner Statur nur ungern streitet. Lawrence Dallaglio ist ehemaliger Kapitän der englischen Rugby-Nationalmannschaft und der Einzige, der beim World Cup 2003 durchgehend auf dem Platz stand. Der Mann ist eine Maschine.

Wir sprechen darüber, was nötig ist, um in einer Disziplin richtig gut zu werden und es an die Spitze zu schaffen. Als erfolgreichster Rekordnationalspieler und dienstältester professioneller Rugby-Spieler, den es im Vereinigten Königreich jemals gegeben hat, weiß er, wovon er spricht.

Dallaglio räumt ein, dass Talent wichtig, aber nicht die Hauptsache sei. »Talent kommt später. Du brauchst einen unstillbaren Durst, Neues zu lernen, um Sachen immer und immer und immer wieder zu üben.« Er spricht über die wenig spektakuläre Wirklichkeit des Profisportlers, die Häufigkeit der Wiederholung, um den Schlag, den Tritt, den Pass zu perfektionieren. Den ganzen Tag, jeden Tag.

Für ihn ist klar, dass Siegen für niemanden leicht ist, vor allem nicht für die Leute, bei denen es besonders einfach aussieht. »Du musst dafür leiden. Und immer, wenn du aufs Feld gehst, ist da ein anderes Team, das auch gewinnen will und es genauso sehr hasst zu verlieren. Sie wollen all deine harte Arbeit zerstören. Sie wollen dir alles nehmen.«

Wie hält man also den Druck aus, wenn man auf diesem Level spielt, und stellt zudem noch sicher, dass man am Ende selbst mit dem Pokal vom Spielfeld geht?

Dallaglio erklärt, dass Gewinnen oder Verlieren Kopfsache ist. Als Profi muss man nicht nur seine Technik, sondern auch seine Zweifel in den Griff bekommen.

»Zu Beginn der Woche denkst du: Am Samstag spielen wir gegen die All Blacks, wie zum Teufel sollen wir sie schlagen? Aber es ist unser Job, sie zu schlagen. Also setzt du dich hin und sagst dir, was auch immer du dir sagen musst, damit du anfängst zu glauben, dass du sie schlagen kannst, dass du sie schlagen *wirst*. Am Anfang musst du dich vielleicht sogar ein bisschen belügen, damit das mit dem Glauben funktioniert. Aber sobald du angefangen hast, daran zu glauben, bist du gnadenlos ehrlich zu dir selbst. Trainierst du so hart, wie du kannst? Hast du alles Mögliche getan, und ich meine wirklich alles Menschenmögliche, um dich auf das Spiel vorzubereiten? Die Antwort muss immer ›ja‹ lauten. In deinem Kopf darf es keinen Zweifel geben. Andernfalls wirst du verlieren.«

Und wir wissen, wie sehr er das vermeiden will. Lawrence Dallaglio: definitiv kein Verlierer.

»Trainierst du so hart, wie du kannst? Hast du alles Mögliche getan, und ich meine wirklich alles Menschenmögliche, um dich auf das Spiel vorzubereiten? Die Antwort muss immer ›ja‹ lauten. In deinem Kopf darf es keinen Zweifel geben. Andernfalls wirst du verlieren.«

LAWRENCE DALLAGLIO

Margaret Busby,
Tochter Afrikas

Dank Margaret Busby, Schriftstellerin, Rundfunksprecherin, Literaturkritikerin und Mitgründerin von Allison & Busby, einem mutigen und unkonventionellen Verlag, der in den 1960er-Jahren seine Arbeit aufnahm, bekomme ich aus erster Hand einen Eindruck davon, was es heißt, ein eigenes Verlagshaus zu gründen. »Wir hatten kein Geld und wussten nicht, was wir taten«, sagt sie über sich und Clive Allison. »Das Einzige, was wir hatten, waren unsere Ideale und viel Energie.«

Die Ideale und die Energie waren vom ersten Buch an, das sie veröffentlichten, spürbar. Es war ein Black-Power-Roman unter dem Titel *Der Kerl, der vor der Tür saß*. Darin ging es um einen afroamerikanischen Spion in der CIA, der feststellt, dass er als »Quotenschwarzer« eingestellt wurde, und anfängt, sein eigenes Ding zu machen und junge schwarze »Freiheitskämpfer« zu rekrutieren, um gegen die Regierung zu kämpfen. In der rassistisch aufgeladenen Atmosphäre der späten 1960er-Jahre war der Roman vielen zu kontrovers und daher von allen Verlagen beiderseits des Atlantiks abgelehnt worden. Margaret aber glaubte an den Autor und die Bedeutung der Geschichte und lieh sich 50 Pfund, um ihn in London unterzubringen und mit ihm an dem Manuskript zu arbeiten.

»Als wir fertig waren, schickten wir es an den *Observer* und schlugen vor, dass sie eine Serie daraus machen könnten. Sie sandten es zurück und schrieben, dass sie keine Serien aus Romanen machten. Und selbst wenn, dann sicherlich nicht aus einem *Black Power*-Roman wie diesem. Wir schickten es ihnen noch mal, mit der Anmerkung: ›Sie irren sich.‹ Letztendlich haben sie es doch gedruckt.«

Während ihrer fünfzigjährigen Laufbahn hat Margaret das geschriebene Wort immer dazu genutzt, um wichtige Geschichten zu erzählen und ungehörten Menschen eine Stimme zu geben. Der Zweck des Unternehmens war es, »die Sachen zu machen, die niemand sonst machte und von denen wir dachten, dass sie gemacht werden sollten«. Sie veröffentlichte Autoren jeder Religion, Hautfarbe und Nationalität und schrieb mit ihrem Magnum Opus *Daughters of Africa* selbst Literaturgeschichte – eine tausendseitige Sammlung der Reden und Texte von mehr als zweihundert Frauen afrikanischer Herkunft, die dafür gewürdigt wurde, dass sie den nicht beachteten, vergessenen und unterschätzten Stimmen Gehör verschaffte.

Sie weiß aus eigener Erfahrung, was es heißt, ausgegrenzt zu werden. Nicht nur, weil sie in Ghana geboren und auf ein englisches Internat geschickt wurde, sondern auch als schwarze Frau in der Verlagsbranche, die damals noch von weißen Männern dominiert wurde. Ein tief verwurzelter Alltagsrassismus schlug ihr überall entgegen; Leute, die auf ihr Unternehmen stießen, nahmen automatisch an, dass ihr weißer Geschäftspartner Allison das Sagen hatte und sie, die schwarze Frau, seine Assistentin oder Geliebte oder beides sei. »Aus Sicht der

Gesellschaft war ich nicht gleichberechtigt. Alle, vom Bankdirektor bis zum Fensterputzer, baten immer darum, mit meinem Partner zu sprechen. Ich war nur das schwarze Mädchen.«

Auf gewisse Weise ist sie auch heute noch solchen Vorurteilen ausgesetzt. »Man bittet mich immer nur darum, Bücher von Schwarzen zu rezensieren. Ich war auf der Uni, ich habe Englisch studiert, ich kenne mich mit Shakespeare aus, aber das Einzige, was ich abdecken soll, ist schwarze Literatur. Die Leute sind nicht engstirnig, sondern einfach nur unkreativ.«

Ich frage sie, ob sie das stört. »Ich habe einmal zu einem Lektor gesagt: ›Wissen Sie, ich kann auch weiße Schriftsteller rezensieren.‹ Der Kontakt schlief daraufhin ein. Ihnen war es zu peinlich, mir weiter schwarze Autoren zu schicken, aber weiße haben sie mir auch nicht gegeben.«

Das klingt bei Magaret nicht nach Niederlage oder Klage, sie berichtet einfach ehrlich davon, was es heißt, eine schwarze Frau in einer weißen Männerwelt zu sein. »Ich hätte mich jeden Tag auf einen Kampf einlassen können, aber manchmal ist es sinnvoller, wenn man sich auf die Zunge beißt und einfach weitermacht.«

Oberflächlich betrachtet gibt es dabei Ähnlichkeiten zu der Arbeit als Lektorin, bei der man sich auch öfter auf die Zunge beißen muss. »Dein Job ist es, das Werk eines Autors zu lektorieren, und wenn du das gut machst, dann sagen die Leute: ›Was für ein wundervoller Autor.‹ Aber wenn das Buch schlecht ist, dann heißt es: ›Was für ein schlechter Lektor.‹ Das ist aber auch nicht anders zu erwarten.« Sie versteht ihre Rolle als »eine Art Hebamme. Man hilft den Autoren, das zu sagen, was sie sagen wollen, auf bestmögliche Weise. Da darf man kein Ego haben.«

Ihr größtes Hobby ähnelt interessanterweise ihrem Beruf, bei dem sie sicherstellt, dass Geschichten erzählt und Stimmen gehört werden, und bei dem sie nichts dagegen hat, wenn sie selber nicht namentlich gewürdigt wird. Sie schreibt anonym buchstäblich Hunderte von Wikipedia-Seiten, über alles, was sie als wichtig erachtet: Menschen, Ereignisse, Verlage, Bücher und Musik. »Das ist wichtig. Andernfalls passiert etwas, Leute sterben und verschwinden, werden für immer vergessen. Auf diese Weise entsteht ein Erbe für die Zukunft, eine Art Baum.«

Ihre beiden Lieblingsratschläge beziehen sich auf das selbstlose Streben danach, Dinge besser zu machen. Als Erstes zitiert sie Harry Trumans berühmte Aussage:

»**Es ist erstaunlich, was du erreichen kannst, wenn es dir egal ist, wer die Lorbeeren erntet.**«

Ein passendes Motto für eine Frau, die unermüdlich hinter den Kulissen daran gearbeitet hat, die Vielfalt zu fördern und Vorurteile im Kulturbereich zu bekämpfen. Sie sagt, ihre Lebenseinstellung werde letztlich aber am besten von einem griechischen Sprichwort eingefangen, das sie gelesen hat:

»*Eine Gesellschaft wächst zu wahrer Größe, wenn alte Männer Bäume pflanzen, obwohl sie wissen, dass sie niemals darunter sitzen werden.*«

Es ist eine wunderbare Zusammenfassung ihrer Arbeit.

Als ich später im Internet surfe, freue ich mich, als ich sehe, dass jemand bei Wikipedia einen Baum für Margaret Busby gepflanzt hat.

»*Es ist erstaunlich, was du erreichen kannst, wenn es dir egal ist, wer die Lorbeeren erntet.*«
　　　　Harry Truman via Margaret Busby

»*Eine Gesellschaft wächst zu wahrer Größe, wenn alte Männer Bäume pflanzen, obwohl sie wissen, dass sie niemals darunter sitzen werden.*«
　　　　Griechisches Sprichwort
　　　　via Margaret Busby

James Corden, Mann von Welt

Vielleicht fehlt es den Elstree-Filmstudios im Londoner Norden im Vergleich zu Hollywood etwas an Glanz und Flair, aber der große Vorteil ist, dass es gleich um die Ecke ein Nando's-Restaurant gibt. Hier wird die elfte Staffel der Spielshow *A League of Their Own* gedreht, moderiert von James Corden – heißester britischer Exportschlager, Schauspieler, Moderator, Autor, *Carpool-Karaoke*-Sänger.

Ich werde am Nachmittag vor der Abend-Show in James' Garderobe geführt. Der Fernseher läuft. James sitzt auf dem Sofa, sieht sich das Spiel seines Kumpels Andy Murray im Wimbledon-Halbfinale an und lädt mich ein, ihm Gesellschaft zu leisten. Wir sitzen nebeneinander auf dem Sofa und geraten in den Sog des Spiels. Unsere Füße liegen auf dem Couchtisch, ab und zu fällt ein Kommentar zum Match. Nach einer Weile wird etwas von Nando's geliefert, und ich esse mit dem größten TV-Star der Gegenwart vor dem Fernseher zu Abend.

Man kann mit James Corden wunderbar vor der Glotze essen. Er hat die unbeschreibliche Gabe, dass man sich entspannt, sobald man ihn trifft. Sein Talent für Gesang, Schauspiel, Schreiben, Moderation und sogar Tanz würde bei anderen einschüchternd wirken, bei ihm überwiegt das Gefühl, dass er einfach ein netter Typ ist. Man hat sofort den Eindruck, dass er zu dir hält, auf deiner – in diesem Fall – Sofa-Seite ist.

Der lockere, bescheidene Charme ist unter anderem der Grund dafür, warum die Größen der Unterhaltungsbranche Schlange stehen, um in seiner rekordbrechenden US-Fernsehshow aufzutreten. Adele fuhr beim *Carpool-Karaoke* mit, Justin Bieber zog James' Klamotten an und co-moderierte eine Sendung, und Tom Hanks spielte für die erste Ausstrahlung zusammen mit ihm neun seiner berühmtesten Filmszenen nach. Die Promis versuchen nicht mal, Schleichwerbung für ihr Zeug zu machen, sie wollen einfach bei der Show dabei sein.

James weiß es sehr zu schätzen, dass er von Amerikas Superpromis mit so offenen Armen empfangen wird. »Keine Ahnung, womit ich diese fantastischen Erlebnisse verdient habe. Letzte Woche erst bin ich mit Michelle Obama um das Weiße Haus gefahren und dachte mir: ›Ich glaube nicht, dass das passiert wäre, wenn ich in High Wycombe geblieben wäre.‹«

Für die Stars ist es ausschlaggebend, dass sie sich sicher fühlen. Sie wissen, dass sie sich bei James am Ende nicht blamieren. Es sei denn, sie wollen das. »Es gibt ein Grundvertrauen, weil ich ein Interesse daran habe, alle gut aussehen zu lassen. Und wir fangen immer mit dem an, was am meisten Freude bereitet.«

Freude bereiten ist eine passende Beschreibung für das, womit James seinen Lebensunterhalt verdient. Und für uns als Zuschauer entsteht die Freude auch dadurch, dass wir sehen, wie sehr James selbst jede Sekunde in vollen Zügen genießt. »Ich habe das während meiner Zeit am Broadway in *Die History Boys* gelernt. Die Leute mochten es sehr, dass wir aussahen, als hätten wir riesigen Spaß. Also dachte ich mir, wenn es das ist, was die Leute mögen, warum versuche ich dann nicht, mich wirklich zu amüsieren, anstatt nur so zu tun.«

Es fällt ihm tatsächlich ziemlich leicht, das Ganze zu genießen. »Ich kann mich nicht daran erinnern, wann ich mal nicht auftreten oder, seien wir ehrlich, irgendwie Eindruck schinden wollte.« Die Qualität des Auftritts erfordert jedoch eine ernsthafte Arbeitsmoral. Einer der Gründe, warum James so gerne mit den Großen zusammenarbeitet, ist, dass es ihn selbst wachsen lässt. Er erzählt, dass Tom Hanks einen Tag früher anreiste, um mit ihm immer und immer wieder die Show zu üben. »Ich konnte nicht aufhören zu sagen: ›Tausend Dank, dass du das machst.‹ Und er antwortete: ›James, das ist Showbusiness. Und Showbusiness ist richtig harte Arbeit. Je härter du arbeitest, desto schneller kannst du es abhaken.‹ Und ich dachte: ›Oh Gott, er hat so recht.‹ Die Sachen, für die du hart arbeitest und die du gut machst, gehen dir anschließend nicht mehr durch den Kopf, es sind die, bei denen du nicht alles gegeben hast, die dich später plagen.« Ein Prinzip, das generell im Leben gilt.

Die Serie *Gavin and Stacey* gehört zu den Dingen, an die James nie wieder einen Gedanken verschwenden musste. Die Dialoge, die er und Ruth Jones als Drehbuchautoren dafür schrieben, und die folgende Umsetzung haben die Feuerprobe bestanden – die Häufigkeit der Wiederholungen im britischen Satellitenfernsehen hat *Friends*-artige Ausmaße. Ich sage ihm, dass die Serie in meinen Augen auf ruhige und geniale Weise all die wunderbaren und unsinnigen britischen Eigenarten einfängt und dass man einer fremden Spezies, die unser Land verstehen wollte, einfach empfehlen könnte, sich bei einer Tasse Tee alle zwanzig Folgen anzusehen.

James widerspricht dem ein bisschen und sagt, die Serie sei mehr universell als britisch gedacht. Er würde es »vorziehen, wenn jemand sagte, dass es eine Geschichte über Menschen sei, die sich verlieben und deren Familien sich deshalb verändern und dann auch die Familien ihrer Familien. Das passiert überall auf der Welt«. Und es veranschaulicht einen anderen Grund für seinen Erfolg. Die Inhalte, die James schafft, haben eine universelle Anziehungskraft – *Carpool-Karaoke* macht Leuten in Iran genauso viel Spaß wie Menschen in Island oder Italien.

Dass das stimmt, sieht man an James' Erfolg – es ist egal, wo die Menschen leben, sie finden dieselben Witze lustig, dieselben Geschichten interessant und wollen dieselben Leute vor der Kamera sehen. Und es sorgt für einen erweiterten Horizont. »Unsere Ähnlichkeiten sind so viel größer als die Unterschiede. Wenn du dich nicht unbedingt als Repräsentant eines Landes, sondern als Weltbürger verstehst, dann werden so viele Dinge unwichtig. Dann denkst du zum Beispiel nicht zuerst daran, wie wir die Einwanderung in unser Land beschränken könnten, sondern daran, wie wir all unsere Länder besser machen könnten.«

Er erzählt eine schöne Geschichte darüber, wie er diesen Eine-Welt-Ethos an seinen fünfjährigen Sohn weitergegeben hat, der ihn kürzlich fragte, warum Recycling wichtig sei.

»Ich sagte ihm: ›Stell dir einen schwebenden Ball vor, der sieben Mal sieben Meter groß ist, und er schwebt nicht nur, sondern er dreht sich auch ein bisschen, und wenn du näher kommst, siehst du, dass lauter kleine Figuren darauf herumlaufen. Und wenn du noch genauer guckst, dann bemerkst du, dass keine der anderen gleicht, dass sie alle einzigartig sind, und sie umarmen sich und lieben sich und bauen tolle Dinge.

Und wenn dann jemand käme und sagte *Lasst uns hier ein bisschen Säure auf den Ball gießen und diesen Teil mit Müll bedecken*, dann würden die Leute zu den Waffen greifen und wären bereit, ihn zu verteidigen, oder? Unsere Erde ist dieser Ball.‹ Und er sagte einfach nur: ›Okay, Dad. Können wir jetzt rausgehen und spielen?‹«

Da er gerade schon mal dabei ist, Weisheiten zu verteilen, frage ich ihn nach seinem besten Ratschlag. Er betont, wie wichtig es sei, seine »Sache« zu finden.

»Es gibt eine innere Kraft, die dann entsteht, wenn man weiß, dass man etwas gut kann. Das kann Klempnerarbeit sein oder Tischlern oder Taxifahren oder irgendetwas anderes, aber wenn man sagen kann: ›In diesem Bereich weiß ich genau, was ich tue‹, dann ist das gut für das eigene Selbstvertrauen. Mein Ratschlag an Jüngere ist: Finde die Sache, die du gut kannst, und bleib dran.«

Nach diesem Ratschlag erzählt er ganz offen, wie wichtig es für ihn war, seine Sache zu finden, und wie sehr es ihm geholfen hat, eine innere Kraft zu entwickeln, um als Kind mit Schikanen klarzukommen.

»Ich erinnere mich, als ich in der Schule war und dachte, ja, du kannst schneller laufen als ich, und du bist stärker, und du kannst besser rechnen als ich, und du kannst besser Klavier spielen, aber wenn es ums Theaterspielen geht, dann hast du keine Chance. Und das half mir, mich nicht mehr so gemobbt und ausgegrenzt zu fühlen.«

Dieses Selbstwertgefühl, das Wissen, etwas zu haben, worin er gut war, machte ihm Mut. Und er erzählt mir zum Schluss, wie er einmal zur Berufsberatung ging und sie ihn dort fragten, was er werden wollte. »Ich sagte: ›Ich werde Schauspieler.‹ Und sie antworteten: ›Nein, du möchtest vielleicht Schauspieler werden, aber du brauchst noch etwas anderes‹. Ich sagte einfach: ›Nein, ich werde Schauspieler.‹ Und dann habe ich mich dem voll und ganz gewidmet. Wenn du nicht aufgibst, wirst du niemals scheitern.«

Es ist ein Einsatz, der sich ausgezahlt hat, und wir Zuschauer dürfen seinen Erfolg genauso genießen wie er.

»*Es gibt eine innere Kraft, die dann entsteht, wenn man weiß, dass man etwas gut kann. Das kann Klempnerarbeit sein oder Tischlern oder Taxifahren oder irgendetwas anderes, aber wenn man sagen kann: ›In diesem Bereich weiß ich genau, was ich tue‹, dann ist das gut für das eigene Selbstvertrauen. Mein Ratschlag an Jüngere ist: Finde die Sache, die du gut kannst, und bleib dran.*«

JAMES CORDEN

Nicola Sturgeon, Braveheart

Das schottische Parlament macht gerade Sommerpause, und Schottlands Erste Ministerin, Nicola Sturgeon, ist auf dem Weg in den Urlaub nach Portugal. Die Erste Ministerin freut sich auf eine Auszeit und hat den Koffer voller Bücher, um ihrer Lieblingsform der Entspannung zu frönen. Aber das Urlaubsziel ist nur zweite Wahl, deshalb gewählt, weil die Familie ihres Mannes dort ein Feriendomizil hat. Was wäre ihre erste Wahl? Nun, das ist keine Überraschung: Schottland.

Nicola Sturgeon verkörpert das Wesen der schottischen Seele, sie ist eine Art politischer Braveheart, dazu bestimmt, ihr geliebtes Land auf Gedeih und Verderb in die Unabhängigkeit zu führen. Sie hat die Wahlkarte in Schottland gelb gefärbt, die Farbe der Scottish National Party, einer Partei, der sie sich mit sechzehn als Studentin anschloss und deren Vorsitzende sie mit vierundvierzig wurde. Im Jahr 2015 bestritt sie ihre erste Parlamentswahl als Parteivorsitzende und Erste Ministerin Schottlands, und die SNP gewann – nachdem sie vorher sechs der neunundfünfzig Sitze im schottischen Parlament besetzt hatte – sechsundfünfzig Sitze. Es blieben nur drei Sitze, um die sich Tories, Labour und die Liberal Democrats streiten mussten.

Kein Vorsitzender einer politischen Partei hat in der Geschichte jemals ein so beeindruckendes Ergebnis erzielt. Man versteht, warum *Forbes* sie zur zweitmächtigsten Frau des Vereinigten Königreichs wählte, direkt nach der Queen.

Ich frage die Erste Ministerin, was das Geheimnis ihrer Effektivität ist. Bescheiden weicht sie aus und sagt, sie glaube nicht, dass sie irgendein Monopol auf den Spruch habe, aber sie würde es so formulieren: »Man sollte Politik nicht als Karriereoption begreifen. Menschen, die in die Politik gehen, sollten das machen, weil sie von einer tiefen Überzeugung geleitet werden. Du musst wissen, warum du das tust und für wen. Und dann musst du das so kommunizieren, dass es einen Bezug zum Leben der Menschen hat.«

Nicola Sturgeon besitzt diese Fähigkeit. Sie kann fantastisch kommunizieren. Sie benutzt keine hochtrabenden Phrasen oder brillante Rhetorik, sondern formuliert glasklar und ist von authentischer Begeisterung erfüllt, wann immer sie spricht. Dabei bleibt sie ruhig und sieht ihrem Publikum die ganze Zeit über direkt in die Augen. Als sie das Ergebnis des EU-Referendums »demokratisch inakzeptabel« nannte (Schottland hatte überwiegend für den Verbleib in der EU gestimmt) und mit kontrollierter und wohldosierter Wut sprach, zweifelte niemand daran, was sie meinte und als Nächstes anstreben würde. Als ihr einige Pressevertreter unterstellten, dass der Sieg der SNP bei den Parlamentswahlen ihren Erzrivalen, den Tories, zur Regierung verholfen habe, tat sie diese Behauptungen noch unverblümter als »Schwachsinn« ab, eine völlig nebelfreie Antwort. Langer Rede kurzer Sinn, die Erste Ministerin Schottlands gehört zu einer seltenen Art von Politikern. Sie sagt, was sie meint, und sie meint wirklich, was sie sagt.

Als ich frage, welche Überzeugung sie antreibt, fasst die Erste Ministerin es prägnant in einem Wort zusammen: Ermächtigung. »Es geht uns allen besser, wenn wir ermächtigt werden, mehr Verantwortung für unser eigenes Schicksal zu übernehmen. Das bezieht sich natürlich auf Schottland als Land und das Recht, eigene Entscheidungen zu treffen, aber auch auf uns als Individuen und Gemeinschaften. Wir sollten alle mehr Möglichkeiten erhalten, die Welt um uns herum zu gestalten.«

Das Prinzip der Selbstbestimmung auf jeder Ebene prägte sich ihr früh ein. »Ich wuchs in der Ära von Margaret Thatcher auf – damals war die Arbeitslosigkeit in Schottland riesengroß –, in einer Gemeinde, die stark geschrumpft war, weil eine Regierung, die niemand von uns gewählt hatte, politische Entscheidungen traf, die zur Deindustrialisierung führten. Für mich war es offensichtlich, dass das nicht in Ordnung war.«

Eine Labour-Abgeordnete, die in die Schule kam und über ihre Arbeit sprach, weckte Nicolas Interesse für Politik als möglichen Weg, um die sozialen Probleme und Ungerechtigkeiten anzugehen, die sie um sich herum beobachtete. »Ich bin dieser Dame sehr dankbar, dass sie sich damals die Zeit genommen hat, mit uns zu sprechen. Aber natürlich gingen alle davon aus, dass man sich der Labour-Partei anschließen würde, wenn man in Schottland in die Politik ging, und dagegen rebellierte ich und fand meine Heimat bei der SNP.« Eine sehr gute Entscheidung für die SNP, aber eine völlige Katastrophe für Labour.

Es bleibt abzuwarten, ob Nicola Sturgeon langfristig ihren lebenslangen Wunsch und das Gründungsziel ihrer Partei – Unabhängigkeit für Schottland – erreichen kann. Aber es gibt niemanden, der der Sache mehr verpflichtet und besser für den

Kampf aufgestellt ist als sie. Sie ist eine Person, die unabhängig von politischen Sympathien in allen Lagern für ihre Fähigkeiten, die anhaltende Energie und vor allem für den Mut und die Geradlinigkeit ihrer Überzeugungen respektiert wird. Sie ist eine Frau, die ihrem eigenen Ratschlag folgt.

»Steh auf für das, woran du glaubst. Immer mit Überzeugung, Leidenschaft und Integrität. Lass dich nicht von Ideologie blenden, sondern bleibe dem treu, was dich leitet. Und sprich mit deiner eigenen Stimme, mit eigenen Worten, auf eine Weise, die für dich Sinn ergibt und die von niemand anderem stammen könnte.«

»*Steh auf für das, woran du glaubst. Immer mit Überzeugung, Leidenschaft und Integrität. Lass dich nicht von Ideologie blenden, sondern bleibe dem treu, was dich leitet. Und sprich mit deiner eigenen Stimme, mit eigenen Worten, auf eine Weise, die für dich Sinn ergibt und die von niemand anderem stammen könnte.«*

NICOLA STURGEON

Einssein mit dem Dalai Lama

Ich warte hinter der Bühne, um Seine Heiligkeit, den 14. Dalai Lama, zu treffen. Zu beiden Seiten säumen Bodyguards in schwarzen Anzügen den Flur, Produzenten mit Klemmbrettern, bekannte Persönlichkeiten und Vertreter von Wohltätigkeitsorganisationen warten darauf, das spirituelle Oberhaupt Tibets zu treffen. Die Atmosphäre ist auffallend entspannt und heiter, obwohl der Ort vor Geschäftigkeit brummt. Sogar die Türsteher wirken friedlich, auch wenn sie mit ihrem Gesichtsausdruck eindeutig zu verstehen geben, dass es zwecklos ist, auf dumme Gedanken zu kommen.

Eigentlich ist es keine Überraschung, dass das Gefolge des Dalai Lama so gelassen ist. Seine Heiligkeit ist – quasi wortwörtlich – die menschliche Verkörperung von Frieden und Mitgefühl und nach buddhistischer Lehre ein erleuchtetes Wesen, das auf der Erde wiedergeboren wurde, um allen lebenden Wesen zu helfen. Seine Gegenwart lässt bei jedem die besten Seiten zum Vorschein kommen.

Am Vormittag habe ich ihm zugehört, als er auf der Bühne sprach. Er war in seine einfachen rotbraunen Gewänder gewickelt und saß in einem Ohrensessel, es war absolut still im Saal, und wir alle saugten seine tiefgründige und elementare

Botschaft auf. Im Grunde ging es darum, dass das 20. Jahrhundert von unvorstellbaren Kriegen und Genoziden, von Gewalt, Ungleichheit und Klimawandel geprägt war. Und dass alle, die diese Zeiten erlebt haben, den nachfolgenden Generationen des 21. Jahrhunderts aus Fürsorgepflicht helfen sollten, nicht die gleichen Fehler zu machen. Die Probleme waren letztlich alle menschengemacht, also steht es auch in unserer Macht, dafür zu sorgen, dass all das nicht wieder passiert.

Der Schlüssel zur Verhinderung solch zerstörerischer Tendenzen liegt dem Dalai Lama zufolge darin, dass wir alle ein Gefühl von innerem Frieden entwickeln. Negative Handlungen wie Krieg und Gewalt oder schädliche Emotionen wie Angst und Gier entstehen schließlich niemals aus einem klaren Geist. Eine Einsicht, die laut dem Dalai Lama alle wichtigen Quellen bestätigen, sei es die Neurowissenschaft (eines seiner zentralen Interessengebiete), unser gesunder Menschenverstand oder auch antike Lehren.

Das Narrativ ist bestechend einfach, aber man kann ihm letzten Endes nur schwer widersprechen. Die Art, wie Seine Heiligkeit die Botschaft vermittelt, sorgt dafür, dass sie auf fruchtbaren Boden fällt. Er spricht über todernste Dinge und ist dabei doch voller Freude und Wärme, er ist respektlos und humorvoll und bricht oft in ansteckendes Lachen aus. Als ob er sagen wollte: Wir sprechen zwar über Leben und Tod, aber wir müssen es nicht zu ernst nehmen.

Als ich dem Dalai Lama später persönlich begegne, strahlt er weiterhin diese magische Mischung aus Spiritualität und Wissenschaft, Mystizismus und Verschmitztheit aus. Er betritt den Raum und setzt sich mir gegenüber hin. Direkter Blick, bereit zuzuhören. Die Ruhe, die er ausstrahlt, neutralisiert die

Nervosität, die von mir ausgeht. Ich frage ihn nach seinem wichtigsten Ratschlag, und nachdem er ein paar Sekunden nachgedacht hat, antwortet er mit einem Wort. »**Einssein**«, sagt er bestimmt, lehnt sich in seinem Sessel zurück und schweigt.

Jetzt bin ich in der Zwickmühle. Ich habe den größten und verehrtesten spirituellen Führer auf Erden nach seinem Rat gefragt. Er hat sich meine Frage angehört und mir geantwortet. Es ist zweifelsohne eine sehr tiefgründige Antwort, und dieses eine Wort enthält die Weisheit eines ganzen Lebens. Wenn ich allerdings ganz ehrlich bin, dann hatte ich insgeheim auf ein etwas ausführlicheres Statement gehofft.

Ich bin mir nicht sicher, ob es die Etikette erlaubt, geistliche Führer um einen zweiten Anlauf zu bitten, und beschließe daher, nichts zu sagen. Wir sitzen uns schweigend gegenüber, in angenehmer Stille.

Glücklicherweise beschließt Seine Heiligkeit, den Gedanken noch etwas auszuführen.

»Auf einer tieferen Ebene sind wir alle Teil derselben menschlichen Familie. Wir sind alle Teil der Menschheit. Und ob wir wollen oder nicht, wir leben alle auf demselben Planeten. Wir sind alle voneinander abhängig. Der Osten vom Westen. Der Norden vom Süden. Wir sollten weniger unsere sekundären Unterschiede betonen, unsere Religionen und Nationalstaaten, sondern uns klarmachen, dass wir letztlich alle eins sind. Auf die Weise können wir friedlicher zusammenleben.«

Der Gedanke ist in seiner Einfachheit wieder umwerfend. Auch wenn er vielleicht ambitioniert ist, bleibt die Logik doch unangreifbar. Ach, wäre das schön, denke ich im Stillen.

Wie stärken wir dieses Gefühl und Verständnis von Einheit, frage ich eifrig. »Durch Bildung«, sagt er. Und dann geschieht etwas Unerwartetes. Er lehnt sich nach vorne, hebt den Arm und klopft mir mit den Knöcheln seiner Hand ziemlich kräftig an die Stirn und wiederholt es: »Durch Bildung«. Dann lehnt er sich lachend zurück, und ich mache dasselbe. Einen wundervollen Moment lang sitzen wir uns kichernd gegenüber. Mich verbindet mit ihm definitiv ein unbeschreibliches Gefühl von Einssein. Und, nicht zu vergessen, eine leicht dumpf schmerzende Stirn.

»Einsstein.«

SEINE HEILIGKEIT
DER 14. DALAI LAMA

Muchas Gracias

Die meisten Menschen glauben, dass Schreiben eine einsame Angelegenheit ist, aber dieses Buch war echte Teamarbeit.

Der größte Dank geht an Head Coach und den Verleger Jamie Bada Byng, ein Mann, der so viel Energie hat, dass er ganz West London damit versorgen könnte, und der genau das die meiste Zeit zu tun scheint. Er ist absolut unübertroffen, wenn es um Leidenschaft, Erkenntnis und Zuspruch geht. Niemand kann so gut Türen öffnen, und wenn man jemals Chicken Wings zum Frühstück haben möchte, sollte man ihn anrufen.

Mein vorausschauender Agent Tony Topping war eine stetige Quelle für klugen Rat und rief mir immer wieder ins Gedächtnis, worum es beim Bücherschreiben eigentlich geht, nämlich das Buch auch wirklich zu schreiben.

Ein großer Dank geht an Sophie Sutcliffe, die hochschwanger Telefon und Posteingang betreut und einige tolle Gesprächspartner gewonnen hat. Vielen Dank auch an die kleine Poppy, die ihrer Mutter noch etwas Zeit dafür ließ.

Francesca Zampi, meine ehemalige Mittäterin und Gaunerkollegin, hat mir von Anfang an viel Mut gemacht und ihr Adressbuch für mich geöffnet. So auch Kim Chappell – eine wahre Naturgewalt an Kontakten, guter Laune und E-Mails sowie eine wundervolle Gesprächspartnerin beim gemeinsamen Teetrinken. Lucy McIntyre war in jeder Hinsicht ein Star und hat mir in New York die Türen geöffnet. Lizzie Ball, Nick Clegg und Alain de Botton waren unfassbar nett und halfen mir, andere Menschen zu treffen, die so bemerkenswert sind wie sie selbst.

Das Verlagsteam bei Canongate war unglaublich professionell, lustig und klug, und es hat viel Spaß gemacht, mit ihnen zusammenzuarbeiten. Ein besonderer Dank geht an Jo Dingley, die das Schiff geduldig steuerte und alles zusammenhielt, an Rafi Romaya für ihr künstlerisches Auge, an Anna Frame und Jenny Fry fürs Marketing, an Lara Gardellini für die Unterstützung und an Jenny Todd, die auftauchte und mit anpackte, als wir Hilfe gerade am nötigsten brauchten.

Wie Sie mit eigenen Augen gesehen haben, ist Sam Kerr ein großartiger Künstler, dessen Porträts dieses Buch erst zu dem machen, was es geworden ist.

Hinter den Kulissen gibt es Menschen, die ich vielleicht nie treffen, denen ich aber ewig dankbar sein werde: Das sind diejenigen, die transkribiert haben, allen voran Callum Crowe, und die wunderbare, rund um die Uhr erreichbare Lektorin Debs Warner.

Ich bin darüber hinaus natürlich allen Interviewpartnern sehr dankbar, die mir ihre Zeit, Geschichte und vor allem ihren Rat für dieses Projekt zur Verfügung gestellt haben.

Ein besonders überschwängliches Dankeschön geht an meine Mum und meinen Dad, die bis heute, trotz der vielen wirklich weisen Leute, denen ich begegnet bin, nach wie vor die Quelle der besten Ratschläge sind, die ich je bekommen habe, sowie an Nadia und Bay Rose – Ergebnis dieser angenommenen Ratschläge – die Menschen, die ich mein ganzes Leben lang treffen wollte.

Gute Zwecke

Zeit meines Lebens habe ich von guten Ratschlägen und vom Zuspruch meiner Freunde, Familie und Vorbilder profitiert, insbesondere als ich noch jung und ahnungslos war. Mir ist klar, dass nicht jeder so viel Glück hat wie ich. Deshalb werden sämtliche Erlöse des Autors aus den Buchverkäufen zwischen folgenden fünf britischen Wohltätigkeitsorganisationen aufgeteilt. Sie alle leisten Großartiges, denn sie helfen Menschen, die aus den unterschiedlichsten Gründen vielleicht ein paar Worte der Ermutigung, eine zweite Chance oder Hilfe bei ihrer Lebensplanung brauchen.

The Baytree Centre
Eine Organisation in Süd-London die mit Bildungs- und Trainingsprogrammen für Frauen und Mädchen die soziale Inklusion innerstädtischer Familien fördert.

www.baytreecentre.org

The Chance UK
Mithilfe eines Patensystems unterstützt diese Londoner Organisation verhaltensauffällige Kinder im Grundschulalter dabei,

Selbstvertrauen aufzubauen und positive Alternativen zu ihrem Verhalten zu entwickeln, das andernfalls im späteren Leben zu Problemen führen könnte.

www.chanceuk.com

Trailblazers UK
Eine landesweit agierende Organisation, die junge Straftäter mit ehrenamtlichen Helfern zusammenbringt, um ihnen bei der Resozialisierung zu helfen und ihnen neue Perspektiven zu eröffnen.

www.trailblazersmentoring.org.uk

Reach Out
Diese Organisation mit Ablegern in London und Manchester unterstützt junge Leute mit Verhaltensauffälligkeiten, Lernschwierigkeiten oder geringem Selbstvertrauen dabei, sich weiterzuentwickeln und ihr Bildungsniveau durch Mentoring-Programme zu verbessern.

www.reachoutuk.org

St Giles Trust
Eine Organisation für soziale Inklusion. Neben einigen Programmen mit Fokus auf Straßengewalt unterstützt sie auch sozial benachteiligte Menschen aller Altersklassen.

www.stgilestrust.org.uk

Hinter den Kulissen

Richard Reed studierte Geografie am St. John's College in Cambridge, ehe er eine Karriere in der Werbung einschlug. Nach ein paar Jahren kündigten er und zwei seiner Freunde ihre Anstellungen, um auf eigene Faust Smoothies zu produzieren und zu verkaufen. Ihre Firma Innocent Drinks ist heute Europas führender Fruchtsafthersteller. Reed ist Gründer von Art Everywhere, Mitgründer der Innocent Foundation und von JamJar Investments. *Was im Leben wichtig ist* ist sein erstes Buch.

www.innocentfoundation.org
www.jamjarinvestments.com
www.arteverywhere.org.uk

Samuel Kerr geht wie ein Nomade vor: Er streift von Arbeitsweise zu Arbeitsweise auf der Suche nach neuen Ausdrucksformen. Seine Arbeit umfasst Porträts, Drucktechnik, Art Direction und Markenentwicklung, er ist im Verlagswesen, in der Modebranche und der Lebensmittel- und Getränkeindustrie tätig. Passend zu seiner nomadischen Herangehensweise hat Samuel die Porträts für dieses Buch gestaltet, während er sich auf einer Reise durch das Vereinigte Königreich befand.

www.samuelkerr.co.uk